So
Easy !

make things

simple and enjoyable

太雅

港鐵路線圖

*地圖繪製：許志忠

北

深圳
Shenzhen

新界
New Territories

九龍
Kowloon

港島
Hong Kong Island

大嶼山
Lantau Island

落馬洲 Lok Ma Chau
羅湖 Lo Wu
上水 Sheung Shui
粉嶺 Fanling
太和 Tai Wo
大埔墟 Tai Po Market
大學 University
火炭 Fo Tan
馬場 Racecourse
沙田 Sha Tin
車公廟 Che Kung Temple
大圍 Tai Wai
第一城 City One
石門 Shek Mun
沙田圍 Sha Tin Wai
大水坑 Tai Shui Hang
恆安 Heng On
馬鞍山 Ma On Shan
烏溪沙 Wu Kai Sha

朗屏 Long Ping
元朗 Yuen Long
錦上路 Kam Sheung Road
荃灣西 Tsuen Wan West
屯門 Tuen Mun
天水圍 Tin Shui Wai
兆康 Siu Hong

荃灣 Tsuen Wan
大窩口 Tai Wo Hau
葵興 Kwai Hing
葵芳 Kwai Fong
荔景 Lai King
美孚 Mei Foo
荔枝角 Lai Chi Kok
長沙灣 Cheung Sha Wan
深水埗 Sham Shui Po
南昌 Nam Cheong
奧運 Olympic
九龍 Kowloon

青衣 Tsing Yi
欣澳 Sunny Bay
迪士尼 Disneyland Resort
博覽館 AsiaWorld-Expo
機場 Airport
東涌 Tung Chung
昂坪 Ngong Ping
堅尼地城 Kennedy Town

九龍塘 Kowloon Tong
樂富 Lok Fu
黃大仙 Wong Tai Sin
鑽石山 Diamond Hill
彩虹 Choi Hung
九龍灣 Kowloon Bay
牛頭角 Ngau Tau Kok
觀塘 Kwun Tong
藍田 Lam Tin
油塘 Yau Tong
調景嶺 Tiu Keng Leng
將軍澳 Tseung Kwan O
坑口 Hang Hau
寶琳 Po Lam
康城 LOHAS Park

石硤尾 Shek Kip Mei
太子 Prince Edward
旺角 Mong Kok
旺角東 Mong Kok East
油麻地 Yau Ma Tei
何文田 Ho Man Tin
黃埔 Whampoa
紅磡 Hung Hom
佐敦 Jordan
尖東 East Tsim Sha Tsui
尖沙咀 Tsim Sha Tsui
柯士甸 Austin

香港 Hong Kong
中環 Central
金鐘 Admiralty
灣仔 Wan Chai
銅鑼灣 Causeway Bay
天后 Tin Hau
炮台山 Fortress Hill
北角 North Point
鰂魚涌 Quarry Bay
太古 Tai Koo
西灣河 Sai Wan Ho
筲箕灣 Shau Kei Wan
杏花邨 Heng Fa Chuen
柴灣 Chai Wan

上環 Sheung Wan
西營盤 Sai Ying Pun
香港大學 HKU
黃竹坑 Wong Chuk Hang
利東 Lei Tung
海洋公園 Ocean Park
海怡半島 South Horizons

圖例

迪士尼線 Disneyland Resort Line
東鐵線 East Rail Line
荃灣線 Tsuen Wan Line
東涌線 Tung Chung Line
港島線 Island Line
西鐵線 West Rail Line
南港島線（東段）South Island Line (East)
輕鐵 Light Rail
觀塘線 Kwun Tong Line
機場快綫 Airport Express
馬鞍山線 Ma On Shan Line
將軍澳線 Tseung Kwan O Line

○ 轉車站
○ 停靠站

預計於2016年 — 西港島線將於2014年12月開通
南港島線（東段）及高鐵站預計於2016年10月開通

生活技能 060

開始在香港
自助旅行

作者◎古弘基

太雅

「遊香港鐵則」

☑一定要穿十分舒適的鞋子！

理由：這不是搭乘交通可解決的問題……在商場血拼、在路邊攤吃喝都一直要走走走，幾天下來走了本來是一輩子才會走完的路程，很多人都是鐵腿回家。

☑在香港旅遊應該「晚睡晚起」！

理由：購物區的店家很多到12點後才開門，太早到場要吃閉門羹。

(行程規畫建議，請參考P.28～29)

☑越早到機場報到，越晚領行李回家！

理由：行李都被送到行李艙最底層，比較晚才可領到。(搭飛機的經驗，請參考P.51)

☑過馬路，小心右方來車！右方！

理由：香港交通左上右下，交通靠左行駛，跟台灣相反，所以過馬路時要小心注意來車方向。(請參考P.89)

☑香港沒有「港式飲茶餐廳」！

理由：飲茶餐廳在香港稱為「酒樓」、「酒家」或「茶樓」，是吃粵式飲茶點心跟粵菜的複合式餐廳。(餐廳類型，請參考P.94)

☑每天都要上「酒店」、「酒家」恢復精神！

理由：別想歪！此酒店非彼酒店。在香港，酒店即飯店，酒家是中式餐廳啦！

☑用漫遊手機撥打回家。你是豬頭嗎？

理由：香港手機和國際長途電話費率超便宜，一下飛機就買張國際電話卡吧！

(打電話建議，請參考P.148～151)

☑出發前，請先去「唱錢」？

理由：在台灣兌換港幣的匯率通常比較好，宜於出發前先於台灣兌換好。

(外幣兌換建議，請參考P.30)

☑夏天到香港，再熱也要帶長袖外套！

理由：商場、餐廳、交通等都毫不容嗇冷氣開最強，不想成為冰棒就要隨身帶件外套。(行李打包建議，請參考P.31)

☑租用版八達通卡是好幫手，必備！

理由：搭車、購物、用餐都可刷卡消費，省掉準備零錢，麻煩。(八達通解析，請參考P.89～91)

☑抽菸丟垃圾，賠6,000大洋！

理由：禁煙區抽菸或亂拋垃圾，都會被罰款港幣1,500元。(法令，請參考P.133)

☑飲茶配可樂？遜炮！

理由：香港民眾習慣吃點心時只喝中國茶或開水，如果你點果汁、汽水或其他飲料，別人一眼就看出你是觀光客啦！

(吃的風俗，請參考P.95)

☑香港的餐廳提供洗筷茶！為什麼要客人自己洗？

理由：其實餐具都是乾淨的，不過民眾習慣了自己再洗一次才放心，久而久之變成獨特的用餐習俗。(用餐禮儀，請參考P.98)

「看懂香港設施及標誌」

八達通 (Octopus Card)

八達通是香港通用的電子收費系統，廣泛應用於搭乘公共交通工具。如在商店外看到此標誌，即表示能以八達通付費。唯須留意，購物時八達通內需有充足的餘額。

行人過路設施

除了行人天橋及行人隧道外，還有3種常見的過路設施：

行人依照燈號過馬路，紅色燈號時切勿過馬路，直至綠色燈號時才過。當綠色燈號閃動時，代表紅色燈號將會在短時間亮起。

當碰上白色斑馬線加上黃色閃燈的過路設施，駕駛必須停車讓行人過馬路，所以行人只需等待車輛停好，就可過馬路。

當碰上這種只有「望左」、「望右」的過路設施就要特別注意，因為駕駛不會停車讓行人過馬路，所以行人必須等待沒有車輛時才可過路。

港鐵站指示牌

指示最近的港鐵站入口方向，附有輪椅標誌的為最近有升降機的港鐵站入口。

紅綠燈上的黃色過路輔助器

此黃色盒子有設按鍵裝置，輕按裝置表面直至紅燈亮起，行人過路燈便會加快由紅色轉為綠色，讓行人通行。

這個印有視障人士輔助設施圖案的黃色盒子，並沒有能加快燈號改變的按鍵裝置。此盒子只為視障人士而設，底部設有震動器，以不同震動模式提示視障人士行人燈號的狀態。

的士站，上客/落客點

除了在街上揚手呼叫的士外，也可以到的士站呼叫的士。

的士的上客/落客點通常是在繁忙的路面上，畫出容許的士停車上客/落客的區域，但的士不能在該處等候客人，所以旅客要耐心等候。

Cross-harbour trips only single toll charge
只限過海
限收單程隧道通行費

有時候在的士站牌下會掛上此告示，代表的士只過海(即由香港島前往九龍/新界或相反)，但乘客只需支付單程的隧道通行費用。

機場巴士站牌

城巴機場快線站牌。

小巴站

小巴分為紅色及綠色2種，紅色小巴可行駛香港各區，沒有固定的路線、班次和收費。綠色專線小巴則按固定的路線、班次和收費提供服務。有粗框線圍著的小巴站牌為終點站上客/落客點，沒有框線圍著的則為中途站上客/落客點。

電車站

電車站分為有蓋及只有站牌2種，有蓋的電車站十分容易辨認，主要在道路較寬闊的地方。只有站牌的電車站則在較狹窄的道路旁，不細心留意可能會錯過。

有蓋電車站　　　　只有站牌的電車站

公廁所在地

除了商場及食肆的廁所外，街上還設有公共廁所。

醫院指示牌

指示距離最近的醫院方向。

街道名牌

街道名牌左右兩邊附有箭嘴及門牌號碼指示，方便市民及旅客尋找目的地。

優質旅遊服務

由香港旅遊發展局推行的「優質旅遊服務」計畫，規定獲得認證的商號必須符合「明碼實價」、「資料清晰」及「優質服務」3項條件，這有助旅客輕易識別出值得信賴的零售商戶、餐館及住宿服務。

藥房標誌

店鋪門外設有此標誌才是有藥劑師駐店及領有藥房牌照的藥店。某些受法例監管的藥物，必須由註冊藥劑師在場監管才能出售。如果沒有藥劑師當值或不是藥房，藥店只能售賣法例容許的其他藥物及雜貨。

景點指示牌

指示附近景點方向的指示牌，有些會附設景點地圖。

旅行者好用APP

MTR Mobile
系統：IOS、Andriod／語言：中文、英語
含港鐵路和輕鐵行程指南、票價、首尾班車時間、機場快線及免費接駁巴士、乘車時間及車站設施等資訊，有助輕鬆計畫行程。

新巴城巴 CitybusNWFB
系統：IOS、Andriod／語言：中文、英語
含新巴和城巴快速點對點路線及鄰近車站搜尋、機場巴士及通宵巴士概覽、城巴機場快線抵站時間查詢、詳細路線資料及車資等資料，無論是搜尋乘車路線，或者班次資料，均輕鬆方便。

KMB & LW
系統：IOS、Andriod／語言：中文、英語
含九巴和龍運巴士點到點及附近巴士路線搜尋資料、落車提示、各路線預計抵站時間、詳細路線資料及車資等資料，能為旅客選出最便宜及最直接之巴士路線。

我的天文台 MyObservatory
系統：IOS、Andriod／語言：中文、英語
含香港即時天氣資訊、天氣警告通知、9天天氣預報，好讓旅客調整行程。

My Hong Kong Guide
香港，我的智遊行程
系統：IOS、Andriod／語言：中文、英語
尋找好去處及其附近，包含景點、購物、美食及文化藝術等超過千個熱點供搜尋，能輕鬆編排行程。有電子優惠券供免費下載、地圖及資料亦能預先下載後離線使用，省卻不少金錢和漫遊數據費用。

Wi-Fi 遊香港
系統：IOS、Andriod／語言：中文、英語
訪港旅客可用此APP享用由電訊商CSL提供之免費Wi-Fi熱點連接上網服務(需使用非香港SIM卡)，其熱點遍布香港，包括便利店、電話亭、商場、港鐵車站、機場快線車站及列車上，旅客可隨時隨地搜尋旅遊資料。

OpenRice開飯喇——
最佳餐廳、美食、優惠及訂座指南
系統：IOS、Andriod／語言：中文、英語
含全港餐廳及美食詳細資訊、顧客食評、推廣優惠券下載、網上訂位及相片等資料，一個APP便能輕鬆搜尋美食。

HKG My Flight
系統：IOS、Andriod／語言：中文、英語
香港國際機場官方流動應用程式，含即時航班資料、已儲存的航班現況通知、機場特別通告及信息、綜合旅客指南及機場設施位置圖(如登機櫃檯、航空公司貴賓室、登機閘口及轉機室等)，提供全面的機場及航班資訊。

※ 資料時有異動，請以官方公布的最新資料為主

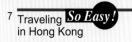
編輯室提醒

出發前，請記得利用書上提供的Data再一次確認

　　每一個城市都是有生命的，會隨著時間不斷成長，「改變」於是成為不可避免的常態，雖然本書的作者與編輯已經盡力，讓書中呈現最新最完整的資訊，但是，我們仍要提醒本書的讀者，必要的時候，請多利用書中的電話，再次確認相關訊息。

資訊不代表對服務品質的背書

　　本書作者所提供的飯店、餐廳、商店等等資訊，是作者個人經歷或採訪獲得的資訊，本書作者盡力介紹有特色與價值的旅遊資訊，但是過去有讀者因為店家或機構服務態度不佳，而產生對作者的誤解。敝社申明，「服務」是一種「人為」，作者無法為所有服務生或任何機構的職員背書他們的品行，甚或是費用與服務內容也會隨時間調動，所以，因時因地因人，可能會與作者的體會不同，這也是旅行的特質。

新版與舊版

　　太雅旅遊書中銷售穩定的書籍，會不斷再版，並利用再版時做修訂工作。通常修訂時，還會新增餐廳、店家，重新製作專題，所以舊版的經典之作，可能會縮小版面，或是僅以情報簡短附錄。不論我們作何改變，一定考量讀者的利益。

票價震盪現象

　　越受歡迎的觀光城市，參觀門票和交通票券的價格，越容易調漲，但是調幅不大(例如倫敦)，若出現跟書中的價格有微小差距，請以平常心接受。

謝謝眾多讀者的來信

　　過去太雅旅遊書，透過非常多讀者的來信，得知更多的資訊，甚至幫忙修訂，非常感謝你們幫忙的熱心與愛好旅遊的熱情。歡迎讀者將你所知道的變動後訊息，善用我們提供的「線上讀者情報上傳表單」或是直接寫信來taiya@morningstar.com.tw，讓華文旅遊者在世界成為彼此的幫助。

太雅旅行作家俱樂部

從日常生活到初次寫作，來推薦一個真實的香港。

不知道你有沒有同感：半生在老家生活，你對附近一事一物都認識透澈，感覺上一切理所當然，但看在別人眼裡可能新奇無比。

小弟從出生到國中一直在香港島中環、上環、西環度過，家住中環擺花街和半山SOHO區附近，小時候早上上學前吃豬腸粉做早餐，下午爺爺會帶叉燒包來接我放學，下午茶時一起到茶餐廳吃蛋撻喝奶茶。唸大學時進了宿舍，人「放肆」了，白天經常到沙田、旺角、深水埗的商圈趴趴走，晚上大夥兒到大牌檔、粥麵店、甜品店吃夜宵。畢業出來幹活，每天搭雙層巴士上班都會路過青馬大橋，中午跟同事到酒家飲茶吃點心、去茶餐廳吃茶餐、簡餐、燒味飯，晚上到尖沙咀、銅鑼灣、中環蘭桂坊的酒吧當夜貓，最後坐電車和渡輪回家。一切是再普通不過的港式生活，自從開始走旅遊討論區後，才發現這些熟悉的生活小事原來是自助旅客最想尋找的香港有趣點。

閒來沒事到討論區遊走，看到外國網友有關到香港自助旅遊的行程規劃和細節發問，也曾拜讀網友們常看的香港旅遊寶典，發現很多只會教人做一個徹底的「觀光客」：到觀光客的商圈購物，到觀光客的餐廳用餐，而且內容常言過其實，或者過時沒更新，這樣對於自助旅客有重大影響，容易失去預算，甚至失望而回。看不慣的我從此就以最新最道地的資料回答有關香港自助旅遊的問題，也把常見問題跟我的回答組織成一個香港旅遊部落格，希望把自己所知的留給來香港旅遊的朋友作點提示，使旅程更加順利開心。

我也是個喜愛自助旅遊的背包客，一旦確定了目的地和日子後，便會忙於爬文和規劃行程，還記得當初第一次自助旅遊，感覺像寫研究論文一樣，搜集了許多資料，卻會在資料堆中迷失，霧煞煞地不知該從哪裡開始，這樣子多少也會打擊初學者對自助旅遊的信心，所以我深知一本內容齊全而指引簡單清晰的旅遊書對背包客的重要性。

感謝張芳玲小姐及各位同仁厚愛，邀請目不識丁(笑)的我為太雅撰寫旅遊指南。這本書不會教你做「女皇」，以金錢堆砌華麗的行程；也不會教你做「觀光客」，亂推建議使你當「冤大頭」。本書專為真正喜歡體驗道地風情、民生的自助旅客而設，內容包含各種你需要的基本香港情報和注意事項，希望不管你是首次或再次到香港旅遊，看罷本書後都可以輕鬆愉快地走出一個令你回味無窮的香港自助旅程。

Hong Kong · 香港

關於作者

古弘基 (網名：Cat Jacob)

　　百分百港仔，香港中文大學學士及澳洲Charles Sturt 大學碩士畢業。一直把吃喝玩樂視為正業的他曾在香港某白金卡客戶生活服務中心當專員，為尊貴豪客提供禮賓司服務。現在他是在香港某大學的學生事務處工作，為外來新生解決初到香港生活的問題，不過他還會繼續為自己和家人規劃一流的旅遊行程。臉書：www.facebook.com/catjacob2004

協力作者

繆承諺

　　繆承諺，洋名「不藍燈」，從香港到加拿大到美國到台灣，半生在海外生活的港仔，幾年前開始在台灣打工置產，喜歡到處遊走，喜愛拍照、發掘及嘗試新事物、美食和美景，亦喜歡寫部落格和彈鋼琴，常在中港台間奔跑，能細緻說明兩岸文化的差異。

吳凱樺

　　英文名Alan，百分百港仔，對香港好玩好吃的地方瞭如指掌。熱愛攝影的他，從不喜歡不美的東西，經常穿梭香港各區尋找最夯美食和景點，不論是傳統的還是最新的，他統統都不會錯過，為本書拍攝香港最美的一面外，也為讀者推薦好玩好吃的地方。

左：繆承諺，中：古弘基，右：吳凱樺

目 錄 CONTENTS

14

認識香港
香港，是個什麼樣的城市

22

行前準備
出發前，要預做哪些準備

34

機場篇
抵達機場後，如何順利入出境

56

澳門·大陸入出境篇
抵達香港後，如何入出境澳門、大陸

64

住宿篇
在香港旅行，有哪些住宿選擇

How to use

如何使用本書 ···

這本《開始在香港自助旅行》是針對旅行香港而設計的實用旅遊GUIDE。內容包括：初步了解香港、行前的各種準備功課、提醒你需申請的證件、機場入出境步驟、當地交通移動方式、住宿介紹、飲食推薦、購物街道推薦、如何辦理退稅、如何緊急求助等等。所有你在香港旅行可能遇到的困惑或問題，全都預先設想周到，並給予適當的指示和解答。讓你旅行到香港，更能放寬心、自由自在地享受美好旅行。

全書分成9個篇章

【認識香港】 從地理、氣候、人口、語言、航程、時差、電壓、通訊、貨幣等知識，以言簡意賅的方式讓你快速瞭解將要抵達的目的地。

【行前準備】 第一次到香港自助旅行前，如何做好行程和住宿規劃，準備好旅行證件，本篇提供詳細資訊與網站，讓你在香港旅遊期間，以最愉快及合適的玩法和預算去觀光、品嘗美食及購物！

【機 場 篇】 從離境台灣、入境香港、到從香港轉機，及從機場搭車到市區，一站一站式的概念讓你對於遊香港的行程有更流暢的概念。步驟式解析與表格填寫教戰，幫助你不浪費寶貴時間，迅速辦好所有手續。

【澳門‧大陸入出境篇】 香港靠近澳門跟大陸廣東省深圳、東莞、廣州等城市，從那邊往來香港市區的交通班次非常頻密而且是24小時通關，所以如果時間和證件許可，你可以規劃香港—澳門—大陸之間的三地遊。本篇就要告訴你可以搭哪幾種交通工具、搭乘步驟、班次資訊等等。

【住 宿 篇】 香港可以找到大大小小幾百家高級大飯店、精品飯店、觀光級飯店，還有經濟型旅館、賓館、民宿等。但要如何考量你的預算並搭配玩法，本篇有選擇住宿的撇步。並告訴你住宿香港不能不知的事，還有住宿推薦全收錄。

【交 通 篇】 旅遊香港多依賴大眾運輸工具，包括鐵路、巴士(公車)、小巴(小型公車)、電車(叮叮車)、山頂纜車、渡輪、輕便鐵路、的士(計程車)等等，因為交通工具跟路線蠻多蠻繁雜，本篇詳細收錄班次、路線等資訊，還教你怎麼搭乘，方便你為每個行程動線作個交通規劃。

【吃喝玩樂篇】 旅遊香港不用自己規劃，道地港仔帶你玩香港人心目中的獨家好玩去處。本篇章除了詳列必去的景點之外，並告訴你香港有哪些道地的美食餐飲，還有最重要的購物指南、不可錯過的手信與伴手禮清單。

【通 訊 篇】 提供台灣、香港兩地以手機與市話互打的方法。香港的網路十分發達，寬頻上網、無線網路跟手機上網服務很普遍，這裡提供免費上網地點。還有郵寄資訊。

【應 變 篇】 為你預想、財物、護照、機票遺失等狀況，並告訴你如何解決的辦法。生病受傷的處理方式，本篇也貼心提供。

篇章
以顏色區分各大篇章，讓你知道現
在正閱讀哪一篇

①

單元小目錄
每個篇章開始前，詳列該篇包含的
主題，一目了然

②

資訊、祕訣小提醒
證件要去哪裡辦，辦證件或買車票有
何小祕訣，作者通通在此提醒你

③

指標、機器說明
各種需注意的指標，像是搭車搭機資
訊、或買票機器的操作按鈕插孔，都
有詳細拉線說明

④

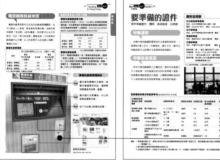

文圖步驟說明
不管是搭飛機、入出境，或是網路查火車
車次，都有文字與圖片搭配，清楚說明

⑤

實用網站整理
這些網站都是作者親身用過的推薦網站，
讓旅人在規畫旅行之初不用像無頭蒼蠅

⑥

詳細行程規劃

⑦

重要生活資訊
銀行開戶、票卡使用，
讓你香港生活、移動無障礙

⑧

開始在香港
自助旅行

認識香港

About Hong Kong

香港，是個什麼樣的城市？

香港比台灣大嗎？香港離台灣有多遠？實施一國兩制的香港，生活究竟有什麼不同呢？香港的旅遊焦點在哪裡？種種疑惑本篇即將為你解答，幫助你更快速瞭解即將前往的城市。

香港小檔案

地理 | 香港=半個台北縣市

香港位於中國南面，毗鄰廣東省東南方的珠江三角洲深圳市，陸地面積大約1104平方公里，為台北縣市加起來的一半，亦大約是台南縣市加起來的一半。香港因地理及歷史因素，分為香港島、九龍和新界(含大嶼山及其他外島)三大區域。

香港島位於九龍的南面，以維多利亞海港分隔，沿維多利亞海港兩岸的香港島北部和九龍為香港主要的商業和金融區域；新界位於九龍的北面，向北伸延至接壤中國大陸的邊界。

新界占香港大部分面積，並包括260多個離島(外

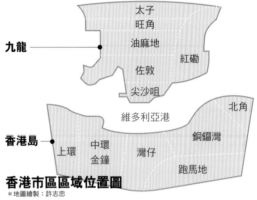

香港位置圖
※地圖繪製：許志忠

地圖標註：
- 中國·廣東省
- 惠州市
- 東莞市
- 佛山市
- 深圳市
- 中山市
- 珠海市　珠江
- 澳門
- 北
- 在赤鱲角的香港國際機場
- 香港
- 新界
- 九龍
- 香港島
- 維多利亞海港兩岸的香港島北部及九龍為主要商業及金融發展區域

香港市區區域位置圖
※地圖繪製：許志忠

地圖標註：
- 九龍：太子、旺角、油麻地、紅磡、佐敦、尖沙咀
- 維多利亞港
- 香港島：上環、中環、金鐘、灣仔、銅鑼灣、北角、跑馬地

島)，其中最大的離島是大嶼山，香港國際機場位於相鄰的赤鱲角。大嶼山的面積比香港島還要大，但主要是郊區。

南丫島

維多利亞港日景

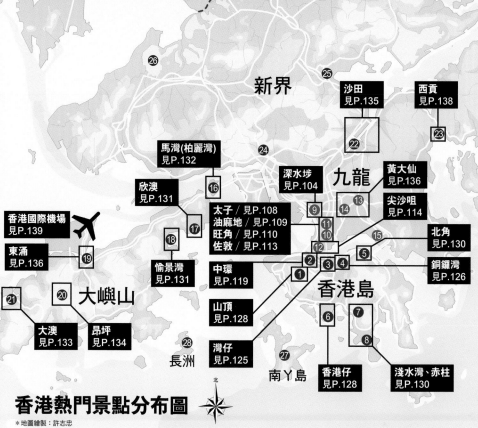

香港熱門景點分布圖

* 地圖繪製：許志忠

（地圖上標示）

26
25
新界
沙田 見P.135
西貢 見P.138
23
22
馬灣(柏麗灣) 見P.132
深水埗 見P.104
九龍
黃大仙 見P.136
欣澳 見P.131
16
9
13
太子 / 見P.108
油麻地 / 見P.109
旺角 / 見P.110
佐敦 / 見P.113
14
尖沙咀 見P.114
香港國際機場 見P.139
17
11
10
15
北角 見P.130
18
12
東涌 見P.136
19
2
3 4
銅鑼灣 見P.126
5
愉景灣 見P.131
中環 見P.119
1
大嶼山
20
21
山頂 見P.128
香港島
灣仔 見P.125
28
27
6
7
大澳 見P.133
昂坪 見P.134
長洲
南丫島
8
香港仔 見P.128
淺水灣、赤柱 見P.130

北

香港島

① **太平山頂**(維港夜景 / 凌霄閣 / 杜莎夫人蠟像館)

② **中環**(砵典乍街 / 荷李活道 / 孫中山紀念館 / 蘭桂坊 / 終審法院 / 中環碼頭 / 海濱摩天輪 / 中環商圈)

③ **灣仔**(金紫荊廣場 / 會議展覽中心 / 灣仔碼頭)

④ **銅鑼灣**(銅鑼灣商圈 / 跑馬地馬場 / 香港賽馬博物館)

⑤ **北角**(洋紫荊維港遊 / 春秧街市集)

⑥ **香港仔**(海洋公園)

⑦ **淺水灣**(淺水灣海灘 / 淺水灣超視覺藝術館)

⑧ **赤柱**(赤柱市集 / 美利樓)

九龍

⑨ **深水埗**(鴨寮街跳蚤市場 / 長沙灣道時裝街 / 美荷樓)

⑩ **油麻地**(廟街夜市)

⑪ **旺角**(女人街 / 波鞋街 / 西洋菜南街行人專用徒步區 / 旺角商圈)

⑫ **尖沙咀**(前九廣鐵路鐘樓 / 文化中心 / 星光大道 / 幻彩詠香江 / 1881 Heritage / 尖沙咀商圈 / 香港歷史博物館 / 香港科學館 / 天際100香港觀景台 / 香港3D奇幻世界)

⑬ **黃大仙 / 鑽石山**(嗇色園黃大仙祠 / 志蓮淨苑 / 南蓮園池)

⑭ **九龍城**(九龍寨城)

⑮ **九龍灣**(啟德郵輪碼頭)

新界及離島

⑯ **馬灣**(馬灣公園 / 青馬大橋 / 挪亞方舟)

⑰ **欣澳**(迪士尼樂園 / 迪欣湖活動中心)

⑱ **愉景灣**

⑲ **東涌**(東薈城 / 昂坪360)

⑳ **昂坪**(天壇大佛 / 寶蓮禪寺 / 心經簡林 / 昂坪市集)

㉑ **大澳**

㉒ **沙田**(香港文化博物館 / 自行車道 / 沙田馬場)

㉓ **西貢**(西貢海鮮漁港)

㉔ **荃灣**(三棟屋博物館)

㉕ **大埔**(香港回歸紀念塔 / 香港鐵路博物館 / 自行車道)

㉖ **天水圍**(屏山文物徑 / 濕地公園)

㉗ **南丫島**(榕樹灣西式風情餐廳 / 索罟灣海鮮漁港 / 生態旅遊徑)

㉘ **長洲**(太平清醮〔每年農曆四月舉行〕/ 張保仔洞 / 海鮮漁港)

香港小檔案 02

氣候 | 亞熱帶氣候，夏天常下雨及颱風

　　香港位於北迴歸線以南，屬亞熱帶氣候，氣候與台灣北部天氣相似，但較爲潮濕。雨季爲夏季5～9月，若於此期間去香港，建議攜帶雨具。5～10月是颱風季節，其中以9月爲高峰期。香港的氣候概況剛巧可以配合黃曆節氣來解說一下：

香港天文台
網址：www.weather.gov.hk/contentc.htm
香港天文台─天氣報告(含9天預報)
網址：www.weather.gov.hk/wxinfo/currwx/fndc.htm

季節	春季 3月(驚蟄後)～5月(端午節前)	夏季 6月(端午節後)～9月(重陽節前)	秋季 10月(重陽節後)～12月(冬至前)	冬季 1月(冬至後)～2月(驚蟄前)
氣候概況	溫度平均爲18℃～26℃，濕度約80%，有霧及陣雨。白天比較熱，早晚氣溫稍涼，宜備薄外衣。	溫度平均爲26℃～32℃，濕度可高於85%。炎熱及潮濕，多出入冷氣地方宜備薄外衣；雨水跟颱風較多，要帶備用雨具。	溫度平均爲18℃～26℃，濕度約70%。溫度適中，多爲晴朗乾爽的天氣，是全年最優的旅遊時間。白天較熱、早晚稍涼，宜備薄外衣。	溫度平均爲14℃～18℃，也有機會跌至10℃以下，濕度約70%。天氣清涼乾爽，偶爾有雨。

製表：古弘基

香港小檔案 03

人口 | 全球人口密度最高

　　香港人口超過700萬，大部分爲華人，並且原籍廣東省。1970年代以前的工商住發展，多是沿維多利亞海港兩岸的香港島北部和九龍，因此較多人口聚居於這附近，而九龍的旺角區人口密度更高達每平方公里13萬人，是全球人口密度最高的地方。

太子花園街

香港小檔案 04

語言 | 通用繁體中文字

　　香港於英國殖民時的法定語言原只有英文，1971年起增加中文爲法定語言。市民日常書寫以繁體中文爲主，文字上可能會用上廣州話(俗稱廣東話或粵語，本書將稱爲廣東話)口語化的字，甚至香港字。香港的主要路牌及告示均以中英文雙語標示，但公司立約及法律文件等仍以英文爲主。香港人普遍講廣東話，隨著中國大陸遊客迅速增長，越來越多香港人會聽說普通話(國語)。當說、聽、對話不通時，可寫繁體中文字用「筆談」。

認識香港

趣味用語：變壓器＝火牛

香港小檔案 05

航程 | 一個半小時就到

從台灣（台北／桃園、台中、高雄）出發到香港的客運航班每天超過40班次，所有出入香港的民航客機均起降於香港國際機場（台灣常稱之為赤鱲角或赤臘角機場）。

香港有高速客輪來往澳門、珠海、中山等地，甚至中國廣東省其他地方，航程大約1～4小時；來往澳門也可以乘坐直升機，約需15分鐘。香港亦有多條長途巴士路線來往廣東及福建省等多個城市，香港來往廣州乘坐長途巴士或直通火車約需3小時。

亞洲各大城市與香港之間的飛行時間

城市	距離香港大約飛行時間(小時)
台北(桃園國際機場)	1.5
台中	1.5
高雄	1.5
上海(浦東機場)	2.5
北京	3.5
新加坡	3.5
吉隆坡	3.8

製表：繆承諺

香港小檔案 06

時差 | 時間和台灣一樣

香港與台灣位於同一時區，同為格林威治標準時間（GMT）+8小時，沒有夏令時間，跟台灣、北京、上海、吉隆坡和新加坡沒有時間上的差別。

香港小檔案 07

電壓 | 英國式插座及電壓

香港一般插座電壓為220V（伏特）／50Hz（週波），電源插座及插頭樣式為英國式，而台灣的電壓為110V（伏特）／60Hz（週波），因此台灣插頭的電器及電子產品需使用轉接頭方能使用，並請於插電前確認電壓設定。香港大部分酒店均備有變壓器及轉接頭。

● 若電器標示電壓及週波為100～240V／50～60Hz，不用更改設定或使用變壓器即可使用，電器本身應會自動調整。
● 若電器有電壓設定鈕，需以硬幣或其他小工具調整至220V方可在香港一般插座使用。
● 若電器只標示110V，不可直接插到沒經變壓的插座或轉接頭使用，需用正確變壓器方可使用。

電器使用小提醒

電器使用異常須儘速關機
當插入電器或電子產品後如發現異常，或跟在台灣使用時顯得不一樣，例如在香港使用時機殼特別熱，在安全情況下，應儘速關掉開關，並把插頭拔掉，停止使用！

香港小檔案 08

通訊 | 香港國碼是852

香港的國碼為852，香港電話號碼沒有分區域碼，除某些特別電話號碼之外，市話和手機號碼均為8碼。由於手機在香港已普遍使用，故很少有餐廳或店家設有公用電話供免費使用。香港手機網路有2G（GSM 900/1800MHz）、3G（WCDMA 900/2100MHz）和4G（LTE 1800/2600MHz），一般手機可以用台灣的SIM卡在香港作漫遊（請注意漫遊費用），或於香港購買手機預付卡使用。

✿ 香港小檔案 09

貨幣 | 1元港幣約等於4元新台幣

香港法定及通用貨幣為港幣，單位為「元」，少於1元的單位為「毫」及「仙」，1元=10毫=100仙。毫即是「角」，仙即是「分」，但實際上市面一般只會用到元及毫，已經用不到仙了。港幣紙鈔面額分10、20、50、100、500及1,000元6種；硬幣則有1毫、2毫、5毫、1元、2元、5元及10元7種。一般在市面消費，有店家並不喜歡收取500元及1,000元，使用100元或以下紙鈔及硬幣會較為方便。

香港發行貨幣的機構不單有香港政府或單一銀行。除了硬幣和10元紙鈔是由香港政府統一發行，其他面值紙鈔則由三家銀行：匯豐銀行、渣打銀行、中國銀行(香港)發行，鈔票上印有發鈔銀行的名稱，每種相同面額的鈔票顏色會類似，但圖案花式不同。所以，當你收到不同款式的紙鈔時，只要小心看清楚面額就好了。

港幣1元約相等於新台幣4元，在台灣的新台幣兌換港幣的匯率通常比在香港來得好，宜於出發前先於台灣兌換港幣，兆豐銀行的兌換率通常比較優，匯率可先上兆豐網站查閱參考。

兆豐國際商業銀行
網址：www.megabank.com.tw

香港現行新款之6種面額紙鈔

紙鈔面額	顏色
1,000元	金色，香港人俗稱1,000元紙鈔為「金牛」
500元	咖啡色，俗稱「大牛」
100元	紅色，俗稱「紅衫魚」
50元	綠色，舊版為紫色
20元	藍色，舊版為深綠色
10元	紫紅色，舊版為綠色

清楚羅馬數字以供確認紙鈔面額

愈大張的紙鈔代表面額愈大

三家發鈔銀行所發行的紙鈔會有不同的設計，但相同面額的紙鈔顏色則大致相同

新舊版本的相同面額紙鈔顏色可能會有差異，但兩者皆可於市面使用

香港現行新款之7種面額硬幣

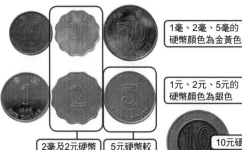

1毫、2毫、5毫的硬幣顏色為金黃色

1元、2元、5元的硬幣顏色為銀色

2毫及2元硬幣有特別的外型

5元硬幣較厚亦較笨重

10元硬幣

⁉️ 1997年前發行的「女皇頭」硬幣

1997年前「港英政府」發行的硬幣，背面有英國女皇伊利沙白二世的肖像，現時仍然合法流通，不過很多市民都喜歡把完好的女皇頭硬幣收藏起來，等待升值。

香港小檔案 10

一國兩制 | 保留很多香港原有制度

香港已於1997年7月1日從英國政府手中，回歸到中華人民共和國，實施一國兩制政策，成為香港特別行政區。怎樣一國兩制？就是香港特別行政區內保留一些原先有的制度、文化和習慣，以下為其中一些較明顯的例子：

語言：依然使用繁體字

香港回歸後的法定語言依然維持英文及中文兩種，學校教學中文及廣東話依然使用繁體中文字，跟中國大陸使用簡體字不一樣。

語文使用小提醒

通用香港表格最好填英文地址

若準備到香港開立銀行或證券戶口，除了需要帶護照、台灣身分證及地址證明外，還需事先於台灣郵政網站將住址翻譯成英文。香港大部分銀行和證券行不接受中文地址！

貨幣：主要通行港幣

香港為世界重要的金融中心，港幣為世界承認及接受的其中一種主要貨幣，香港回歸後的法定貨幣依然只有港幣一種，乘坐大眾運輸、使用投幣電話等只能使用港幣，只有部分店家可接受人民幣。

假期：以西方文化為主

香港是國際中西文化匯合的地方，回歸後雖然有移掉一些英國的休假，換入一些中國大陸的節日，但香港部分假期依然受西方文化影響，如耶誕節和復活節假期，而且沒有加入「五‧一」、「十‧一」的所謂「黃金週長假期」，跟中國大陸不同。

海關：進出大陸仍要辦理入出境

中國大陸出入境管制和海關跟香港的依然是分開的，從香港進入中國大陸仍需要辦理出境香港、入境中國大陸及雙方清關手續(回程亦同)，中國大陸居民需申請許可證件方能進出入香港，澳門特別行政區亦類似。

護照：和大陸不同

香港人於回歸後申請的護照為「中華人民共和國香港特別行政區護照」，無論封面和內頁都跟中國大陸的護照長得不一樣，而給予中國香港護照的免簽證國家也比對中國大陸護照多。

稅制：稅法與稅率異於大陸

中國大陸和香港的稅制是分開的，以關稅為例，香港從英國殖民地時代起採自由港政策，基本上只有對菸酒、汽油柴油和酒精等徵收關稅，對於其他大部分物品免稅；而中國大陸則對較多商品徵收關稅，稅率也與香港不一樣。從中國大陸運輸到香港的物品在稅制上也被視為出口。

中環夜景

行前準備
Preparation

出發前，要預做哪些準備？

第一次到香港自助旅行前，建議先參考一些網站、旅遊雜誌及書籍，做好行程和住宿規劃，準備好旅行證件，讓你在香港旅遊期間，以最愉快及合適的玩法和預算去觀光、品嘗美食及購物！

要準備的證件

提早準備證件：護照‧預辦入境通知書

申辦護照

申辦中華民國護照需要到外交部領事事務局，一般需時4個工作天，申辦須知、遞交文件、費用及明細流程可以詳閱外交部領事事務局網站。

護照這裡辦 ＊以下資料時有異動，出發前請再次確認。

外交部領事事務局
地址：台北市濟南路1段2-2號3～5樓
電話：(02)2343-2807　網址：www.boca.gov.tw

台中辦事處
地址：台中市黎明路2段503號1樓　電話：(04)2251-0799

高雄辦事處
地址：高雄市成功一路436號2樓　電話：(07)211-0605

花蓮辦事處
地址：花蓮市中山路371號6樓　電話：(03)833-1041

嘉義辦事處
地址：嘉市吳鳳北路184號2樓之1　電話：(05)225-1567

開放時間：週一～週五 (國定假日不上班)
申請時間：08:30～17:00 (中午不休息)
工 作 天：一般為4個工作天，遺失補辦為5個工作天
護照規費：新台幣1,300元整 (費用時有更動，請參考外交部領事事務局公告)

台灣居民預辦入境登記

符合資格的台灣居民可使用網上服務填寫「台灣居民預辦入境登記通知書」。辦理程序只需約10分鐘，而且免費。在輸入所需資料後，電腦系統會即時處理有關登記，並顯示登記結果。成功登記後只需以A4標準尺寸的白紙自行列印通知書，簽署後便可連同有效期不少於6個月的護照入境香港。

預辦入境登記的有效期為2個月，已登記者可獲准以訪客身份進入香港2次，每次逗留最多30天。在港逛街時，需攜帶通知書、入境標籤及護照，以作為獲准在港逗留的憑證；在離港時，亦須出示這些證件以辦理離境手續。

入境登記這裡辦

香港政府入境事務處
電話：+852-2824-6111　傳真：+852-2877-7711
電郵：enquiry@immd.gov.hk
網址：webapp.immd.gov.hk/content_ver2/parreg/html/tchinese/declaration.html

＊以上資料時有異動，出發前請再次確認。

申請資格

符合下列條件的台灣華籍居民，即可使用網上服務預辦入境登記來港旅遊：

❶ 在台灣出生；或在台灣以外地區出生但曾以台灣居民身份來港。

❷ 並無持有由台灣當局以外機關簽發的任何旅行證件。「台灣居民來往大陸通行證」(俗稱「台胞證」)，及由香港特別行政區(香港特區)入境事務處簽發的入境許可證除外。

※預辦入境登記及在香港辦理入境檢查手續時，必須持有可用以返回台灣的旅行證件，而該證件的有效期須不少於6個月。

申請流程

Step 以「台灣居民預辦入境登記」搜尋或輸入網址webapp.immd.gov.hk/content_ver2/parreg/html/tchinese/declaration.html登入網站。

Step 閱讀「版權告示」、「私隱政策」及「免責聲明」。

Step 閱讀並同意「申請資格」。

Step 輸入「登記人資料」、「回台旅行證件資料」及「個人識別問題」，之後輸入「核證碼」。

Step 核對所輸入資料，確保一切資料真實及正確，並與回台旅行證件上的資料相符。核對無誤後勾選「確認」並按「確認及遞交」。

Step 「預辦入境通知書」已成功登記，細閱「注意事項」及按「繼續」。

Step 準備A4尺寸的白色空白紙張列印通知書，並按「列印」進行列印。

Step 在簽署欄簽字。

旅遊季節與行程預定

選擇適合的旅遊季節和如何挑選旅遊產品

買機票及訂飯店

在決定購買機票或套裝行程前，宜多比較不同旅行社的價格及所附送的優惠，常見的旅行社贈送優惠有以下幾種：

☑ 機場到住宿酒店之巴士或轎車接載服務，需注意是單程或雙程接載

☑ 港鐵全日通或機場快線車票

☑ 早餐(香港住宿飯店並不一定供應免費早餐)

☑ 酒店內享用英式下午茶

☑ 主題公園(迪士尼樂園或海洋公園)門票

☑ 香港一日遊

☑ 維多利亞港海上遊船票

☑ 10公斤過重行李優惠，讓你可免費多帶購物血拼時買入的戰利品

購買套裝行程小提醒

各航空自助套裝行程選擇多

長榮航空有推出香港入、澳門出(澳門入、香港出亦可)之機票及「機+酒」自助套裝行程，其他航空公司及旅行社也有同遊香港及澳門的自助套裝行程可供選擇。

灣仔香港會議展覽中心

認識旅遊香港淡旺季

香港是一個經常舉辦國際性大型展覽及會議的重要地方，機票和酒店住宿價格一般受大型展覽及會議季節影響較大，以下為每年淡季及旺季期間參考資料，有關詳細價格及日期應詢問旅行社：

旅遊旺季

3月中～5月初、9月中～12月底

為展覽及會議旺季，機票和酒店套裝行程價格會比淡季時貴大約新台幣1,000～4,000元。

旅遊淡季

1月～農曆新年前、 農曆新年後～3月中

為淡季，唯農曆新年期間機票有可能會稍貴，過年後又恢復淡季直至3月中。

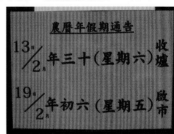

店家農曆過年休息

5月～9月中

為淡季，其中6月底～8月底暑假期間，通常為整年度最便宜的期間，機票和套裝「機+酒」行程一般都會比其他淡季每位額外再優惠新台幣約1,000元。但暑假期間，香港天氣跟台灣一樣，比較炎熱及潮濕，而且常下雨及有颱風侵襲，期間適逢香港購物節，比較適合著重血拼購物，以及於餐廳品嘗美食之室內行程，若準備於戶外觀光時，需多加注意天氣情況。

農曆新年花車表演　　　　　　長洲太平清醮包山

了解香港假日及節慶

香港是國際文化交匯的地方，於英國殖民地回歸中國後，依然保留大部分中西慶祝節日，而且節日氣氛濃厚，於中西方情人節、母親節、父親節、購物節、萬聖節、聖誕節時，香港店家、餐廳和酒店等更常會大搞推廣及特惠活動。

重要節日一覽表　製表：繆承諺

節日	日期	公休	慶祝
週日	每週日	√	每週日是香港的法定公休日
元旦	1月1日(如遇週日，公休則改為翌日)	√	元旦前夕蘭桂坊及時代廣場一般會有倒數及慶祝活動
農曆新年	農曆年初一至三(如遇週日，公休則改為農曆年初一的前一日)	√	1.過年期間大樓內有中式吉祥布置；2.過年前於維多利亞公園及旺角花墟等地方舉行花市，除賣花以外還有其他賀年商品；3.過年前商店一般會有特價優惠；4.年初二晚上於維多利亞海港有煙火表演；5.年初三有國際花車巡遊
元宵節	農曆1月15日	×	香港稱之為「中國情人節」
情人節	2月14日	×	西方情人節，餐廳及酒店推廣浪漫的情人節慶祝活動
清明節	4月5日或6日	√	祭拜祖先的日子
復活節	春分月圓後的第一個週日(含耶穌受難節週五、耶穌受難即翌日週六、復活節週一公休)	√	1.天主教及基督教等慶祝活動 2.復活節兔和彩蛋等布置
勞動節	5月1日，跟台灣一樣	√	沒有特別慶祝活動
母親節	跟台灣一樣，即5月第二個週日	×	店家、餐廳和酒店大搞推廣活動
佛誕	農曆4月8日	√	除佛誕外，當日亦是太平清醮，是長洲島的傳統節日，居民都大肆慶祝，焦點是三個用鷹架和包所搭成包山(註1)，以及會景巡遊飄色活動(註2)
端午節	農曆5月初5	√	端午節前後香港會有本地及國際划龍舟比賽慶祝
父親節	香港跟隨國際的父親節，為6月第二個週日	×	店家、餐廳和酒店大搞推廣活動
香港特別行政區成立紀念日	7月1日	√	慶祝香港於1997年7月1日回歸中華人民共和國
國慶日	10月1日	√	煙花表演等慶祝中華人民共和國國慶
中秋節翌日	農曆8月16日(如遇週日，公休則改為中秋節當日)	√	1.中秋節當晚到戶外如海灘及公園點燈籠、吃月餅及烤肉等慶祝 2.中秋節期間會舉行燈會
重陽節	農曆9月初9	√	登山踏青或祭拜祖先
萬聖節	10月31日	×	即西方鬼節Halloween，香港人不會拜鬼，反而是打扮成鬼怪去酒吧和夜店參加派對，尤其是香港島中環蘭桂坊和香港島南部海洋公園
聖誕節及翌日	12月25及26日	√	1.每年12月有香港旅遊發展局主辦的繽紛冬日節，場地內含聖誕小鎮等布置供參觀和拍照；2.聖誕節期間大樓外閃亮燈飾布置；3.聖誕樹及裝飾；4.商店特價

備註：1.包山：一個一個的包子掛到鷹架上做成包山，參賽者爬上包山，於指定時間內競逐搶包子，拿到愈多和愈高的包子就得愈高分。
2.飄色：小孩打扮成不同角色，然後站立或坐在挑高的修飾鐵架上，遠看起來就好像小孩是用飄的在遊行。
3.以上公休假期除週日及特別註明外，如遇上週日，公休假期將往後延一天(即翌日)，而非像台灣習慣的補休。

挑對時間來趟主題之旅

除了一年到晚常有國際巨星及團體在香港表演、交流及比賽外，每年皆有不同的藝文及體育活動：

藝文活動

香港國際電影節

近年8～9月更有夏日國際電影節，有來自全世界有名的文化及藝術電影於香港上演。

時間：每年3月底～4月中，為期超過2週
網站：香港國際電影節協會有限公司 society.hkiff.org.hk

香港藝術節

可以購票觀賞來自世界不同地方的舞台劇、舞蹈、音樂等藝術表演。

時間：每年2～3月，為期約2週
網站：香港藝術節 www.hk.artsfestival.org

不定期異國活動

香港每年還有舉行其他國家所舉辦之活動，如加拿大節（美食及藝文節目）、法國藝術節、義大利節（美食、葡萄酒及藝文節目）、墨西哥節（美食及藝文節目）、地中海藝術節等，詳情可參閱香港旅遊發展局網站。

時間：不定期
網站：香港旅遊發展局 www.discoverhongkong.com

尖沙咀鐘樓及香港文化中心

體育活動及比賽

賽馬

自從1840年英國貴族引入賽馬後，很多香港人熱愛觀賞賽馬及賭馬，每年的9月～隔年7月，通常於每週三黃昏和週末於沙田

跑馬地賽馬

或跑馬地馬場會有跑馬比賽。比賽日期及地點請查閱香港賽馬會網站。

時間：每年的9月～隔年7月，大部分星期三和週末
網站：香港賽馬會 www.hkjc.com

龍舟賽

除了每年端午節於香港多處有龍舟比賽外，於端午節前後更會舉辦國際龍舟邀請賽，多個國家

外國人參加龍舟賽

的參賽隊伍均付出全力爭奪獎項。

時間：每年端午節及前後
網站：香港龍舟協會 www.hkdba.com.hk

其他

除了賽馬及龍舟比賽，香港每年還有舉行其他的體育活動和比賽，例如國際7人欖球賽（3月）、香港6人木球賽及木球節（11月）、羽毛球、足球、馬拉松、壁球、網球比賽等，詳情可參閱香港旅遊發展局網站。

時間：不定期
網站：香港旅遊發展局—體育活動
　　　www.discoverhongkong.com

蒐集旅遊資料
規劃最好玩、最好吃、最好買的香港自助行程

第一次到香港自助旅行前,建議先參考一些網站、旅遊雜誌及書籍,做好行程和住宿規劃,讓你在香港旅遊期間,以最愉快及合適的玩法和預算去觀光、品嘗美食及購物!

沙田史諾比開心世界(Snoopy's World)

香港旅遊相關網站推薦

香港旅遊、購物及玩樂地點多,宜先好好編排行程,以方便於有限的時間觀光、購物、享受美食和假期。

香港旅遊發展局
網址:www.discoverhongkong.com
香港旅遊發展局是受香港政府補助的機關,可於其網站內找到很多基本的香港旅遊、景點及活動資訊。

蒐集資料找這裡

香港旅遊發展局台北辦事處
地址:台北市中正區忠孝西路一段66號29樓
網址:www.discoverhongkong.com
交通:台北火車站Z4出口
電話:(02)2389-8080
傳真:(02)2389-8090
電郵:tpewwo@hktb.com
服務時間:週一~五09:00~12:00,14:00~17:30
　　　　　週六、日及假日休館

＊以上資料時有異動,出發前請再次確認。

旅遊情報網站

Cat Jacob香港吃喝玩樂情報站
網站:blog.xuite.net/catjacob2004/hkblog
臉書:www.facebook.com/catjacob2004
本書作者古弘基2006年起家的部落格,曾長期占據香港Yahoo!奇摩部落格人氣榜100名內,累積瀏覽次數超過1,000萬,提供超過1,800篇旅遊香港及道地玩法的資訊,十分實用,歡迎上網參觀。

開飯喇
網址:www.openrice.com
提供超過40,000家香港餐廳資訊,可於網站以餐廳種類、地區及大約消費金額等查詢,亦可查閱顧客評價。

自遊網社
網址:www.kktravel.com
提供豐富香港飯店資訊,而且有詳盡照片說明;也有提供基本香港旅遊資訊。

雄獅旅遊
網址:hk.liontravel.com
提供一些基本香港購物、景點等旅遊資訊。

行程規劃小提醒
配合港仔晚睡晚起習慣調整玩樂行程
很多香港人的生活習慣是「晚睡晚起」,店家也配合這個特性來調節營業時間。之前看過太多第一次來香港的旅客把銅鑼灣區、旺角區的購物行程排在早餐後上午9點開始,原意是不想浪費有限的旅遊時間,但結果因為店家沒有開門而把寶貴時間白白浪費掉。所以,你必須注意營業時間和好好規劃行程,如習慣「早睡早起」的人,可安排早上先去參觀景點,待中午後才去購物!

香港人日常生活時間表

避開早上8～9點交通高峰期

一般情況下，香港職場辦公時間爲週一～五09:00～18:00；郵局和銀行的營業時間爲週一～五09:00～17:00，週六09:00～13:00。08:00～09:00因爲上班族要同時趕上班，所以是大眾運輸系統的尖峰時間，建議自助旅客不要在這時乘車。

提早用午晚餐，清閒又有折扣

香港的午飯休息時間在13:00～14:00，不另設午睡或其他休息時間。旅客要在餐廳用中餐，建議在12:30前或等到14:00後，除了可以避開尖峰時間，容易找到座位外，還有一大好處就是香港的餐廳、速食店有不成文的習慣，會在早餐和下午茶時間提供折扣或套餐優惠，對不趕時間的人來說十分超值划算，如酒樓和酒家(港式飲茶餐廳或粵菜餐廳)一般會在12:00前及14:00～16:00提供6～8折的優惠。

到了下班時間，有些香港人承襲了英國職場「傳統」，會相約幾個同事到酒吧「Happy Hour」(「歡樂時光」，就是去喝杯酒、聊聊天)，輕鬆一下之後才回家吃飯。如你有興趣到酒吧「見識」，推薦你在17:00～20:00到酒吧，因爲店家通常有提供歡樂時光優惠，例如說「啤酒買一送一」。

下班時因爲大家各自有「餘興節目」，回家的時間不一致，所以這時搭乘大眾運輸工具通常不算太擁擠。

香港人習慣比較晚才用晚餐，通常在19:00～21:00，所以爲方便起見，旅客可以規劃提早用晚餐，例如18:00。另外，有一些餐廳

歡樂時光

豐盛的港式午茶

晚飯

和酒家會從21:00或22:00起提供宵夜折扣，你也可以考慮晚一點才去吃。

下午之後開始購物，避日頭也免碰釘

香港零售商店一般從10:00～22:00營業，但也有很多以年輕人爲對象的「潮店」、時裝店、時尚精品店、運動用品店等等，或遊客區的露天市場和路邊攤，會在12:00～00:00營業，所以你在規劃行程時必須注意店家營業時間，建議把購物行程盡量安排在下午和晚上進行。

旅客在香港「吃喝玩樂」的簡略日程建議

早上～12:00	飲早茶、參觀景點、遊樂園
12:00～14:00	參觀景點、遊樂園
14:00～17:00	中餐或下午茶時間、參觀景點、遊樂園、購物
17:00～19:00	晚餐時間、景點看黃昏／夜景、購物
19:00～20:00	酒吧、景點看夜景、購物
20:00～00:00	酒吧或宵夜或夜店、景點看夜景、購物

製表：古弘基

外幣兌換跟行李打包

記得購買旅行保險

購買機票或套裝行程時，可一併跟旅行社購買旅行保險，亦可於台灣機場內的保險公司櫃檯購買。

選對時間辦匯兌

現金

港幣1元約等於新台幣4元，香港是國際金融中心，可自由兌換各種貨幣及攜帶出入境，但於台灣兌換的匯率通常比在香港的好，多家銀行亦免收取手續費，宜於出發前先於台灣兌換港幣，若來不及也可於台灣的機場兌換，匯率可先上網查閱參考。

依中華民國海關規定，出境時可攜帶新台幣60,000元、美金（或等值外幣）10,000元、人民幣20,000元現金，超額需申報；旅行支票及匯票不限。

信用卡

香港大部分商鋪、餐廳及酒店等均可接受信用卡付款。付款前應先查核帳單帳項，及簽署後應取回客戶存根作紀錄。旅客需注意信用卡結帳匯率，一般較現金兌換為差，而且台灣信用卡發卡銀行一般會加收手續費。

開始打包行李

看天氣打包

香港天氣和台灣相若，而為方便打包行李，仍宜於出發時看新聞、報紙或於網路查閱天氣。
香港天文台天氣報告
網址：www.weather.gov.hk/contentc.htm

託運行李

香港是購物天堂，前往香港自助旅行，建議不要攜帶太多衣服，萬一不夠，可於香港購買。航空公司可能按所搭乘客艙級別訂立不同的免費託運行李重量限制，超重的話可得要補錢才能託運喔！以下圖表供作參考，個別航空公司有不同標準，應以航空公司公布為準：

免費託運行李重量(參考值)　　　　　製表：繆承諺

商務艙及頭等艙	30公斤(66磅)
經濟艙	20公斤(44磅)

機場航空公司櫃檯大廳

手提行李有限體積

每位乘客可帶一件手提行李登機，最大容許體積為56×36×23公分（22×14×9英吋）。除不可以帶刀類、利器、打火機等危險物品登機外，存放於100毫升以內容器的液體、凝膠及噴霧類物品，均須儲存於容量1公升且可密封的透明塑膠袋內。超過100毫升請放置於託運行李內，否則需於安檢前丟棄。藥物、嬰兒奶品、食品及醫療物品，經查核後可獲豁免。

機場出境大廳的行李禁令

機場出境大廳的液體攜帶規定

行李檢查表

√	物品	説明
	隨身行李(側背包+後背包)：證件、現金、信用卡和相機等貴重物品，必須隨身攜帶。	
	護照正本和影本	有效期限至少剩6個月，記得影印備份。正本和影印本應分開放好，亦可預留一份給家人，以備不時之需。
	台胞證或香港簽證正本和影本	檢查台胞證或港簽上姓名是否符合，並影印備份。正本和影印本應分開放好，亦可預留一份給家人，以備不時之需。
	機票正本和影本	使用電子機票可避免遺失。若為紙本機票，正本和影印本應分開放好，亦可預留一份給家人，以備不時之需。
	大頭照	白色背景半身彩色相片2張，若遺失護照，補領時適用。
	信用卡	攜帶信用卡可減少攜帶現金之風險。
	提款卡和旅行支票	可選擇攜帶，旅行支票記得要先在上款簽名。
	現金	新台幣、港幣等。
	零錢包	帶備用小額港幣，以支付小費。
	筆	帶筆可方便填寫一些文件。
	相機	還要記得帶電池和記憶卡，萬一帶不夠的話可於香港購買。
	手機	除了國際漫遊、使用當地手機SIM卡或緊急聯絡之用外，亦可於換算匯率及購物時當計算機使用。
	個人備註	
	託運行李(旅行箱)：目前規定100毫升以上液膏膠狀物，不能隨身帶，要放行李箱。	
	衣服／薄外套	先查看氣象預測以準備合適衣服，薄外套於冷氣間逗留時可穿著。
	小包裝衛生紙	方便隨時使用。
	衛生棉	也可以於香港的超市、藥局和便利商店買到，十分方便。
	化妝保養品	視個人需要而定。
	眼鏡及隱形眼鏡裝備	需戴隱形眼鏡者千萬不要忘記喔！
	藥品	腸胃藥、止瀉藥、感冒藥、頭痛藥、防暈眩藥、過敏藥等，台灣常見的品牌可於香港的藥局、超市及便利商店買到。
	帽子、太陽眼鏡防曬乳液	夏季到香港旅遊必備。
	雨傘	夏季期間是雨季及颱風季，建議要攜帶雨具。
	旅遊書、筆記及地圖	不要忘記帶規劃好的行程表喔！
	3C產品	產品的充電器、傳輸線等(相機、手機、手提電腦)，按個人裝備而攜帶。
	萬用插頭	平腳三孔轉接頭，一般酒店的衛浴也有台灣電器合用的兩孔插座。
	盥洗用品	視個人需要而攜帶，一般酒店均有提供。
	行李鎖	把行李的拉鍊鎖起來。
	個人備註	

注意事項

託運行李(行李箱或大型背包)：重裝上路旅客最好使用拖拉行李箱，但缺點是於香港人多車多的鬧區走動缺乏機動性；輕裝自助旅客通常使用後背包，但要小心保管後背包內的貴重物品及證件，提防小偷扒手。

製表：繆承諺

趣味用語：雨傘、太陽傘＝雨遮、太陽遮；兌換＝「唱」錢(註1)

註1：「唱」錢的正確寫法是「焋錢」，「唱」只是「焋」的廣東話發音，結果被香港人「約定俗成」作「唱錢」。「唱」泛指兌換、找換，「唱港幣」等於兌換港幣，「唱散紙」即是換零錢。曾聽過一些笑話：有香港人用「港式國語」跟人家說「要唱錢」，結果被人家聽成「要搶錢」而遭大罵！

如何在香港銀行開戶

香港是主要的國際金融市場，歡迎世界各地投資人參與，市場在高效率和高透明度監管下運作，資產流通量高，沒有外匯管制或外國人買賣限制，而且任何投資者在買賣所得利益都不用納利息稅或增值稅之類，所以一直有很多台灣人或外地人喜歡到香港開設銀行戶頭，方便以後可以在香港進行股票、基金、外匯和其他各種金融投資活動。

選擇哪種戶頭比較好？

香港的銀行提供個人戶頭種類跟台灣的差不多，有活期帳戶（港稱：儲蓄戶口）、支票帳戶（港稱：往來戶口）、外幣帳戶、股票帳戶、基金帳戶、綜合理財帳戶等。對外國旅客而言，開辦綜合理財帳戶比較合適，因這種帳戶有提供網路銀行和電話理財熱線，你可利用這些服務在台灣操作香港戶頭作跨國匯款和各種金融投資活動，十分方便。

不過要注意，各家銀行不同級別的綜合理財帳戶所提供的服務範疇有不同，而且都有最低資產結餘限制，如果你的帳戶的資產結餘（計算全部存款、股票、基金等資產的總值）少於限額，銀行會從帳戶收取服務費，所以建議你先到銀行網站查看各種理財帳戶的條款。

中國銀行

選擇哪一家銀行比較好？

把血汗錢放進外國銀行去，你首先要考慮的可是風險問題。香港政府從2006年9月25日起實行「存款保障計劃」，從2011年1月1日起萬一有銀行倒閉，每名存款人可獲最多港幣50萬元的保障，所以

香港匯豐銀行

一般來說選擇香港哪一家銀行都是安全的。

以規模和服務考量，匯豐銀行、渣打銀行和中國銀行（香港）（簡稱「中銀香港」）是香港三大銀行，它們都是跨國大行，因為歷史和政治原因而負起香港「半中央銀行」角色，擔當發行紙鈔工作（匯豐跟渣打更為香港政府作出納業務），而且它們的服務據點比較多，網銀功能完善，所以都比較受在地人和外國人信任，存戶最多。

另外有一家值得推薦開戶本土銀行是恆生銀行，它是香港匯豐銀行的附屬公司，信譽不用懷疑，而且它的服務品質跟匯豐一樣好，但部分戶頭服務收費會更便宜划算。

台北富邦銀行在香港也經營個人金融業務，雖然規模較小，但它有提供對台灣客戶貼心的特別服務，例如，設立免費國際電話從台灣撥打到香港的理財服務熱線，和證券投資服務熱線。

香港銀行	最低門檻的綜合理財帳戶	最低結餘要求(港幣)	服務費(港幣)	網址
匯豐銀行	明智理財	10,000	每月60元	www.hsbc.com.hk
渣打銀行	快易理財	10,000	每季120元	www.standardchartered.com.hk
中銀香港	好自在綜合帳戶	100,000	最多每月60元	www.bochk.com
恆生銀行	綜合戶口	10,000	最多每月60元	www.hangseng.com
富邦銀行	——	——	——	www.fubonbank.com.hk

＊以上資料時有異動，依最新公告為準。

製表：古弘基

要帶去開戶的東西

護照

帶你的護照作為身分證明文件。

地址證明

香港銀行一般要求在開戶時要出示最近3個月的地址證明文件，文件可以是有你名字的月結單，例如銀行帳單、水電費帳單等。

另外，你需要將地址事先翻譯成英文，因為香港大多數銀行要求客戶填表時以英文地址登記，以後銀行給你的書信和帳單都只會以英文地址寄出。

開戶資金

各種戶頭有不同的最低存款結餘限制，所以為免被銀行收取服務費或以後要再花錢從台灣匯款到香港戶頭，建議你第一次就存入足夠的資金。

台灣銀行資料

為方便你將來從香港調撥資金回台灣，最好在開戶時同時做好一項前置工作。可以把在台灣常用銀行戶頭的完整帳號、銀行英文名稱和地址、Swift Code（請先在台灣詢問你的銀行櫃員）帶到香港作網銀登記，以後就可利用網銀從香港匯款回台灣。

印章

香港沒有規定必須在法律文件或存摺上蓋章，一般只要簽名就好了，所以不一定要帶印章。

匯率兌換小提醒

港幣的匯率

從1983年10月起香港實施「聯繫匯率制度」，目標是維持港幣匯率平穩，以穩定公眾信心及方便外商在本地進行商業活動。香港金融管理局(金管局)把港元匯率「固定」在1美元兌7.80港元左右，當匯率波動時金管局會以在外匯市場買賣美元的手段來維持港元價位。因此，新台幣兌港幣或兌美金的波幅應該是一樣的。

開戶手續

在香港開戶手續其實很簡單，你不用擔心太多，只要你帶以上文件和開戶資金到銀行，會說國語的客戶服務專員就會一步步的協助你填表和核對文件，如果客人不多時一般約半小時可以辦好手續，到時你會拿到一份開戶文件副本、戶頭簡介和操作說明、金融卡和密碼、網銀密碼、支票簿等等，可以即時開始操作戶頭了。

最後在離開銀行前，也建議你請教客戶服務專員你那個戶頭的完整帳號(含銀行編號＋分行編號＋個人帳號)、銀行英文名稱和地址、Swift Code，記下這些資料方便你將來要從台灣匯錢到香港戶頭時使用。

⁉️ HSBC = 香港上海匯豐銀行

曾經有讀者說在台灣的銀行準備匯款往香港匯豐銀行帳戶，服務員看他的表格時說香港沒有「上海匯豐銀行」！

其實，匯豐銀行於1865年在香港和上海創立，所以在香港一直沿用全名「香港上海匯豐銀行」，英文名稱為「The Hongkong and Shanghai Banking Corporation」，後來因為要大力發展國際業務而「去本土化」，以簡略的「匯豐」及「HSBC」名義在香港及外國推廣業務。

不過，匯豐的中英文全名仍然在香港使用，例如你在香港匯豐發行的港幣鈔票(看P.20)上可以找到6處中英文全名，香港匯豐的網站、帳單等等都有註明全名。

開始在香港
自助旅行

機場篇
Airport

抵達機場後，如何順利入出境？

想要從容通關入境嗎？本篇為你詳細介紹如何出境台灣、入境香港，依照步驟解說穩妥辦理手續，讓你的旅遊心情有個愉快的起點。還有轉機與機場到市區的交通方式喔！

如何搭飛機前往香港

從台灣出發，出境步驟

Step ① 辦理登機手續

找到所搭乘的航空公司櫃檯，辦理報到及行李託運手續。

Step ② 安全檢查

進入禁區，進行保安檢查，有金屬的皮帶、電腦都要先拿出來。

航班與登機閘口資訊看這裡｜進入出境區須出示登機證

Step ③ 證件檢查

到櫃檯前檢查證件(護照、登機證)。

Step ④ 到登機閘口等待登機

依照登機證上或航班資訊顯示板上的登機時間及閘口號碼，到達登機閘口等候。

	航空公司 Airlines	班次 Flight No.	目的地 Destination	起飛 Departure	附註 Remarks
A9	華航	605	香港	10:30	
	CI	605	HKG	10:30	

登機門編號｜確認航班、目的地及起飛時間

匯兌與保險小提醒

機場兌幣與購買保險

辦理登機手續後，如仍需兌換港幣，可到外幣兌換櫃檯兌換，匯率一般較於香港兌換為優。如有需要購買旅遊保險，可於機場的保險公司櫃檯購買。

台灣機場外幣兌換｜台灣機場旅遊保險櫃檯

如何入境香港

認識香港國際機場

香港國際機場位於大嶼山以北的小島赤鱲角，距離九龍及香港島市區約30公里遠，曾是全球面積最大的客運大樓，分爲以下建物：

- 一號客運大樓（T1）：所有客機停靠閘口、接機大廳、大部分航空公司櫃檯。

- 二號客運大樓（T2）：小部分航空公司櫃檯，前往飯店的巴士跟大陸長途巴士總站。

- 海天客運碼頭：提供過境接駁珠江三角洲多個客運港口的快船服務。

香港國際機場連絡香港境內外交通

境內交通包括： 鐵路、公共巴士、特快公共巴士、酒店穿梭巴士、計程車等（詳情參閱P.42「如何從香港機場到市區」）。

境外交通包括： 客機、過境（前往中國大陸珠江三角洲多個客運港口）接駁快船、開往中國大陸巴士及專車。

香港國際機場網站
www.hongkongairport.com/chi/index.html

趣味用語：放飛機＝放鴿子

4 「A」海關通道往T1第一客運大樓接機大廳的北面，「B」海關通道往南面，除此以外並沒有什麼不一樣。

3 可於接機大廳的7-11及OK便利商店購買香港手機預付卡。手機預付卡詳情請參閱P.149「通訊篇」。

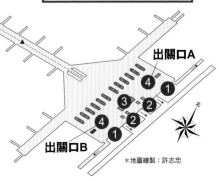

1 接機大廳有3個香港中國旅行社櫃檯，販售香港和澳門景點優惠門票（如海洋公園、太平山蠟像館）、車票（如太平山山頂纜車、昂平360纜車）、船票、船+飯店(酒店)套票、餐券等。
位置：T1一號客運大樓接機大廳A4、A10、B8櫃檯
營業時間：每日07:00～21:30
電話：+852-2261-2472

2 如有親友在接機大廳接機，宜先約好是在A或B通道外，或約在接機大廳商店或餐廳等候。

出關口A

出關口B

＊地圖繪製：許志忠

抵達香港，入境步驟

Step 1 飛抵香港機場

下機後依「抵港」標示牌，步行、使用自動人行道或旅客捷運系統到通關區域。

入境香港跟著走 | 轉機跟著走 | 轉船跟著走(免入境香港前往珠江三角洲多個客運港口)

Step 2 體溫檢查，前往較近之入境櫃檯

通過體溫檢查櫃檯，從行李認領資訊牌，查出乘坐航班所對應的行李認領處號碼，選擇較近之入境處櫃檯：行李認領處1～7可走左邊前往入境處櫃檯，行李認領處8～14可走右邊。

行李資訊看這裡 | 入境櫃檯看這裡

Step 3 證件檢查

填好「旅客抵港申報表」，並準備好旅遊證件及已列印的「台灣居民預辦入境登記通知書」，謹記在通知書上簽字，然後到入境處櫃檯前排隊，等候查驗旅行證件及通知書。

台灣居民預辦入境登記通知書
Notification Slip for Pre-arrival Registration for Taiwan Residents

入境表格填寫範例

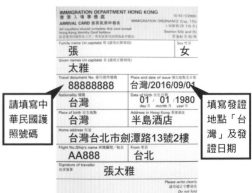

請填寫中華民國護照號碼

填寫發證地點「台灣」及發證日期

Step 4 領取行李

進入行李認領區域，可在顯示板上確認所搭航班的行李領取處。

行李轉檯編號看這裡

行李轉檯編號

7 離開請用接機大堂
Please use Arrival hall A

航班 Flight	啟航地	From
AA 5824	東京	Tokyo
MU 707	上海／浦東	Shanghai
KA 483	台北	Taipei

航班編號　　航班啟程地

Step 5 檢查行李

到A或B海關通道，按攜帶之行李選擇通過紅色（申報應課稅及受管制物品）或綠色(無需申報)通道。如沒帶課稅或受管制物品，可走綠色通道。

年滿18歲之成年旅客入境香港時攜帶菸酒之免稅數量為：

＊酒精濃度多於30%的烈酒1公升(其他酒精度較低的酒類，例如葡萄酒、啤酒、清酒等因為在香港是免稅的，所以沒有限制)。

＊捲菸19支；或雪茄1支；或總重量不超過25克的菸草及其製成品。

超額者須走紅色通道向海關人員申報及付稅。

海關通道

綠色免申報通道
紅色需課稅通道

綠色及紅色海關通道

Step 6 進入接機大廳

完成通關手續，進入T1一號客運大樓接機大廳。

接機大廳資訊小提醒

旅遊資訊免費大放送

於通過海關紅／綠通道後，進入接機大廳前，有香港旅遊發展局櫃檯，可於此查詢旅遊、住宿及交通等資訊，及索取免費地圖、旅遊資料、折價券等，別急走錯失囉！

抵達香港，轉機步驟

Step 1 辦理轉機手續

下機後依「轉機」標示牌，尋找下一班航班之航空公司，到指定E1、E2或W1轉機櫃檯區域，辦理行李轉機手續及領取登機證。如已持連接航班的登機證及已辦妥託運行李之目的地，則可省略此步驟跳到Step 2。

Step 2 辦理台胞證加簽

2015年7月1日起，台灣民眾可憑有效台胞證，毋須辦理加簽，就可來往中國大陸。加簽安排可能變動，出發前請再次確認加簽安排，如有疑問請與香港中國旅行社連絡。

台胞證加簽這裡查

香港中國旅行社
網頁：www.ctshk.com/visa/taiwanVisa.htm
電話：(+852)2315-7171　　電郵：enquiry@ctshk.com

＊以上資料時有異動，出發前請再次確認。

Step 3 安全檢查

> 轉機離境需要再次接受安檢

依「離境」標示方向，到最近的安檢站通過保安檢查。

Step 4 到登機閘口等待登機

依照登機證上或航班資訊顯示板上的登機時間，跟隨標示牌指示方向，於起飛時間前至少30分鐘到達登機閘口。

從香港過境轉船步驟

Step 1 辦理轉船手續

下機後依「快船接駁櫃檯」標示牌，辦理轉船手續，將託運行李也轉到所搭乘的船上。如未購買船票，也可於櫃檯購買。船公司只販售及辦理距離開航時間至少60分鐘之航班。

Step 2 安全檢查

依「離境」標示方向，通過保安檢查。

Step 3 到快船閘口等待

依接駁快船標示牌前往10號登機閘口等候接駁車到海天客運碼頭。需於起航前至少30分鐘抵達10號登機閘口，接駁車行駛時間約7分鐘。

Step 4 登船

於碼頭登船閘口登船。

過境轉機或轉船小提醒

過境香港者務必告知台灣機場人員
若準備於香港過境轉機或轉船，請於台灣機場辦理登機手續時告知航空公司人員，以將託運行李掛到後續目的地或香港國際機場的轉機轉船處，而不會將託運行李於香港送到領取行李轉台。

轉機餘暇可進行的活動
辦妥轉機手續，領取登機證後，若時間十分充裕，可考慮以下建議：通過保安檢查到離港層購物廊逛逛；或於保安檢查到離港區域前，可持有效旅行證件及適當簽證(例如有效的台胞證或港簽、免簽入境香港的外國護照等等)入境香港，無需額外付香港機場稅。但記得要準時返回機場，及於航班起飛前至少30分鐘抵達登機閘口！

逛逛香港國際機場

機場內逛商場跟吃美食

香港國際機場於2003年起連續多年獲得多項全球最佳機場榮譽，提供許多貼心服務，例如購物、飲食、上網、沐浴、休憩、按摩、理髮等設施，所以你可以善加利用，當第一天到達香港時補給物資，或在最後一天預備登機前作最後衝刺！

T1管制區內外跟T2的翔天廊商場共有超過300家購物商店和餐廳，你可以找到高級精品店，如Burberry、Bvlgari、Cartier、Chanel、Coach、Fendi、Gucci、Hermés、Prada、Tiffany等，也可以到奇華餅家、榮華餅家、優之良品等買一些吃的當伴手禮，更有便宜道地的港式美食如飲茶、蛋撻、菠蘿包、粥麵、燒臘、甜品等等。

如何前往！

持登機證自由選擇在T1或T2進入海關通關出境，如是在T2通關，你將會乘坐旅客捷運系統到T1的登機閘門區塊。

T1
營業時間：07:00～23:00
化妝保養品、玩具精品店、3C店、伴手禮店(零嘴／餅家)、餐廳、酒樓、美食廣場、速食店、銀行分行、兌換店、書報攤、郵局。

T2
營業時間：09:00～21:00
翔天廊商場有大眾化時裝店、化妝保養品、玩具精品店、3C店、伴手禮店(零嘴／餅家)、餐廳、酒樓、美食廣場、速食店、銀行分行、兌換店、書報攤、航空探知館、遊樂區域、貴賓候機室等等。在「寰亞好萊塢－星光無限」電影院門前你可以跟「頭文字D」周杰倫的戰車(AE86真品)拍個照。

香港國際機場購物餐飲網址：www.hongkongairport.com/chi/shopping/index.html

到機場附近東薈城暢貨場撿便宜跟用餐

MTR東涌站旁東薈城名店倉商場占地超過46萬平方尺(1.3萬坪)，超過60個品牌的名牌店家跟暢貨場，包括AIX Armani Exchange、Adidas、Bally、Body Shop、Burberry、Calvin Klein、Coach、Crocs、Dickson Warehouse、Espirt、Giordano佐丹奴、Guess、I.T.、Levi's、New Balance、Nike、Polo Ralph Lauren、Puma、Quiksilver/Roxy、Samsonite、SASA莎莎、Timberland等等，款式不會太舊，價錢約為原本市價打3～7折。那裡還有大型超市、優之良品、餐廳、酒樓、美食廣場、速食店、電影院可以解決你的用餐問題跟消磨時間。

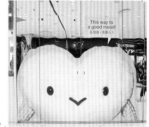

東薈城代言人──「阿寶」

如何前往！

從機場到東薈城可於T1附近的巴士乘搭S1巴士，到終點東涌站下車，車費港幣3.5元，車程約15分鐘，約每7～10分鐘一班車(巴士站位置請看P.42)。

香港機場S1巴士站

東薈城名店倉
地址：MTR東涌站旁
營業時間：大部分暢貨場從11:00～21:00營業
網址：www.citygateoutlets.com.hk

如何從香港機場到市區

從機場到市區可以搭機場快線、公共巴士、酒店穿梭巴士、的士(計程車)、或公共巴士換港鐵等。

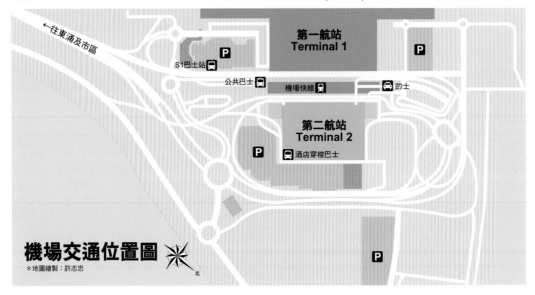

機場交通位置圖
＊地圖繪製：許志忠

如何從香港機場到市區

製表：古弘基

交通工具	優點	缺點	註
機場快線 (詳情見P.43)	1.鐵路方式簡單好找 2.快速到達市區	1.貴 2.要轉乘接駁巴士、的士、港鐵到飯店	1.可刷八達通、買車票 2.回程搭乘機場快線可利用免費「機場快線市區預辦登機服務」詳情見P.53
機場公共巴士 (詳情見P.46)	1.便宜 2.如站牌在飯店附近更好，方便、省力 3.可搭雙層巴士 4.可看風景	1.等候、行車時間較長 2.要留意何時下車 3.如站牌不在飯店附近，下車後要拖行李找飯店	1.可刷八達通、買車票、投幣 2.A系巴士比較快，E系巴士比較便宜 3.回程時可詢問飯店前檯回程站牌位置
酒店接駁巴士 (詳情見P.49)	1.從機場直接送到飯店門口，方便、省力 2.可看風景	1.貴 2.班次較少要等車 3.回程前要跟業者預約乘車時間，欠彈性	要買車票
的士(計程車) (詳情見P.50)	1.最快捷、省時 2.從機場直接送到飯店門口，方便、省力 3.可看風景 4.隨時攔車	最貴(但多人搭乘會划算)	付現金，一台車可坐4～5人

＊以上資料時有異動，依最新公告為準。

機場快線

　　機場快線是連接香港機場跟市區的高鐵和最快捷的大眾運輸工具，全長35.3公里，乘客從機場到香港中心地區中環跟尖沙咀最快約24分鐘，中途停靠九龍站和青衣站。服務時間：每日05:45～00:48，10～12分鐘一班。

　　除了能快速到市區，機場快線還爲乘客提供免費接駁穿梭巴士服務，連接香港站和九龍站與附近的主要飯店，車程約15～30分鐘，十分體貼。另外，乘坐機場快線到青衣站也可以轉乘港鐵列車，接通香港島九龍甚至新界各地區。

機場快線免費穿梭巴士服務一覽表 (從2014年起生效)

製表：古弘基

發車站	路線、時間	停靠站(附近主要飯店／景點)
香港站	**H1** 往金鐘及灣仔 06:12～23:12 每20分鐘一班	車站1：港島香格里拉大酒店(香港公園／高等法院／纜車站) 車站2：港麗酒店 車站3：太古廣場(金鐘站) 車站4：香港JW萬豪酒店 車站5：港島皇悅酒店(灣仔維景酒店) 車站6：香港華美粵海酒店(灣仔站) 車站7：世紀香港酒店(芬名酒店)
	H1 往港島西 06:12～23:12 每20分鐘一班	車站8：香港蘇豪智選假日酒店(上環站／文武廟／古董街) 車站9：富薈上環酒店 車站10：宜必思香港中上環(海味街) 車站11：華麗海景酒店 車站12：港島太平洋酒店(海味街)
	H2 往銅鑼灣 06:12～23:12 每20分鐘一班	車站1：銅鑼灣皇悅酒店 車站2：香港銅鑼灣維景酒店(天后站／銅鑼灣海景酒店) 車站3：富豪香港酒店(Lanson Place Hotel／渣甸坊) 車站4：香港珀麗酒店 車站5：柏寧鉑爾曼酒店(銅鑼灣站／維多利亞公園／皇室堡商場) 車站6：香港怡東酒店(世貿中心／怡和午炮／崇光百貨／金百利商場)
	H2 往炮台山及灣仔北 06:12～23:12 每20分鐘一班	車站7：港島海逸君綽酒店(炮台山站／香港麗東酒店) 車站8：城市花園酒店 車站9：香港會議展覽中心(君悅酒店／灣景國際賓館／演藝學院) 車站10：萬麗海景酒店(灣仔碼頭／金紫荊廣場)
九龍站	**K1** 往紅磡及佐敦 06:12～23:12 每12分鐘一班	車站1：佐敦站(柯士甸道／恆豐酒店／新天地酒店／新樂酒店) 車站2：紅磡站(理工大學／香港體育館) 車站3：都會海逸酒店 車站4：黃埔花園(德安街) 車站5：九龍海逸君綽酒店 車站6：香港逸東酒店(彌敦道／九龍諾富特酒店／聖地牙哥酒店新館／朗逸酒店) 車站7：柯士甸站
	K2 往尖沙咀廣東道附近 06:12～23:12 每12分鐘一班	車站1：太子酒店(廣東道／海港城／中港城) 車站2：港威酒店(廣東道／海港城／新港中心) 車站3：馬哥孛羅香港酒店(廣東道／海港城／天星碼頭／文化中心／1881 Heritage) 車站4：九龍酒店／半島酒店(港青酒店／尖沙咀站／彌敦道／漢口道) 車站5：皇家太平洋酒店／中國客運碼頭(中港城)
	K3 往尖沙咀麼地道附近 06:12～23:12 每12分鐘一班	車站1：香港金域假日酒店(尖沙咀站／彌敦道／重慶大廈) 車站2：香港尖沙咀凱悅酒店(麗景酒店／棉登酒店) 車站3：富豪九龍酒店(帝苑酒店) 車站4：唯港薈 車站5：千禧新世界香港酒店 車站6：海景嘉福酒店 車站7：九龍香格里拉大酒店
	K4 往尖沙咀金巴利道附近 06:12～23:12 每12分鐘一班	車站1：香港喜來登酒店／尖東站(帝國酒店／洲際酒店／星光大道／崇光百貨／太空館／藝術館) 車站2：百樂酒店(最佳盛品酒店尖沙咀／金馬倫道／加連威老道／歷史博物館／科學館) 車站3：帝樂文娜公館(The Mira／美麗華商場／君怡酒店／諾士佛台) 車站4：尖沙咀皇悅酒店(仕德福山景酒店) 車站5：龍堡國際(聖地牙哥酒店本館／九龍公園)
	K5 往油麻地及旺角 06:12～23:12 每20分鐘一班	車站1：城景國際(油麻地站／海景絲麗酒店／CASA HOTEL) 車站2：九龍維景酒店 車站3：帝京酒店(旺角東站／太子站／新世紀廣場／金魚街／花園街／花墟)

機場快線
免費穿梭巴士

機場快線列車

機場快線列車車廂內部

＊以上資料時有異動，依最新公告爲準。

搭乘機場快線步驟

Step 1 到櫃檯購票

從出關口A或B走到接機大廳的通道上有機場快線客服櫃檯，或者到A或B出口前的大圓形客服櫃檯，可以在那裡兌換網上預購或當場購買快線車票、快線旅遊票或八達通(P.89～91)。櫃檯附近也有自動售票機可以購票。

Step 2 依指標到快線月台

在圓形客服櫃檯後面有通道走到快線月台，按指示走半分鐘內到。

Step 3 不用驗票直接上車

機場的快線站沒有驗票機，乘客可以直接上車。

Step 4 驗票出閘口

到達市區的快線站下車，出口有驗票機，要用快線車票、快線旅遊票或刷八達通出閘。

Step 5 轉乘免費穿梭巴士

轉乘免費穿梭巴士服務的旅客，可按職員和站內指示走到快線站巴士總站上車。

購買機場快線車票

機場快線單程票可以在站內自動售票機購買，也可以刷成人八達通，兩者都是原價收費。快線有提供購買「來回票」9折的優惠，來回票可以30天內使用；至於「即日來回票」優惠是指一天內搭乘快線兩趟可以半價。以上的車票可以在官網上預購，價錢打95折。

機場快線票價表

車程	成人(包括65歲或以上之人士)		兒童(3～11歲)
	單程 即日來回票 八達通卡	來回票	單程 即日來回票 八達通卡
香港站—機場站	100	180	50
九龍站—機場站	90	160	45
青衣站—機場站	60	110	30

＊以上資料時有異動，依最新公告為準。

機場快線省錢大利多小提醒

機場快線團體套票方案

一行2人、3人或4人的乘客搭乘機場快線，可於乘車當天到機場快線客服櫃檯購買便宜的優惠單程套票！上網查詢：www.mtr.com.hk/ch/customer/tickets/promotions_4persons.html

機場快線單程套票(港幣)			
	2人行	3人行	4人行
香港站—機場	170	230	280
九龍站—機場	150	210	250
青衣站—機場	100	140	170

＊以上資料時有異動，依最新公告為準。

機場快線旅遊票

另外，機場快線還有一項「機場快線旅遊票」(舊稱「遊客八達通」)，可搭乘機場快線任何車程1～2次，3天內無限次搭乘港鐵(但不含機場快線、輕鐵、港鐵巴士、東鐵線頭等、羅湖及落馬洲站)，在「交通篇」P.89～91有詳細說明。

機場快線購票機解析

Step 1 顯示器有繁體中文說明，按顯示器選擇目的站、選擇單程票還是來回票、數量。

Step 2 顯示器打出票價後，可以用紙幣或硬幣付錢。

Step 3 從下方出票口取票和找零。

機場快線網站
http://www.mtr.com.hk

機場公共巴士

機場有不同路線的公共巴士(公車)連接到香港各區,一般到市區飯店附近的車程約50～70分鐘,但收費比較便宜,是方便划算的選擇。

不過先要提醒各位,部分香港機場巴士的回程站牌不會在原本下車站的對面,有時更會走不同路線回去。建議你到達飯店後可跟櫃檯服務員確認附近的機場巴士站牌在哪裡,甚至可請他在地圖上為你標示出搭乘地點,這樣回程時才不會因找不到站牌而手忙腳亂喔!

乘巴士的另一好處是可以體驗兩個台灣沒有的產物:香港九成半巴士都是雙層巴士,機場巴士都會採用新型雙層巴士行走;而且巴士往市內必須路過世界上最長的行車及鐵路兩用橋「青馬大橋」,可飽覽壯觀的橋景跟整個馬灣——汲水灣海峽的美景。

龍運機場巴士

青嶼幹線青馬大橋

巴士路線與車資

巴士路線有分A系、E系跟N系:A系為特快,服務旅客為主,直接從機場到市內,比較省時;E系針對機場工作人員,從機場繞道後勤區及東涌後再到市內,約多花20～30分鐘,但價錢約為A系的一半;N系是00:00～05:00服務的通宵巴士。

搭乘巴士需要於前門上車時以投幣(只收港幣,不找零錢)或刷八達通繳付車資,4～12歲小孩或達65歲的長者有半價優惠。

城巴(新巴集團)
www.nwstbus.com.hk

龍運巴士(九巴集團)
www.kmb.hk

機場巴士到1號大樓

巴士路線看這裡

機場巴士省錢大利多小提醒

機場巴士來回票有打折

搭乘城巴公司的機場巴士可以到城巴客服中心購買單程或來回車票,來回車票有打折;而龍運巴士則沒有提供來回票。可刷信用卡購票。

城巴客服中心位置:機場地面運輸中心
新巴客服務中心位置:金鐘東巴士總站

城巴機場巴士來回票(港幣)	
路線	來回票價
A10、A11、A12	65(單程原價40～48)
A21、A22	55(單程原價33～39)

＊以上資料時有異動,依最新公告為準。

A系機場巴士行駛資訊 ＊以下資料時有異動，依最新公告為準。(製表：古弘基)

路線	起迄	途經地區(主要飯店)	時間	班次間隔(分鐘)	車資(港幣)	營運公司
A10	機場 ↕ 鴨脷洲邨	香港島南區： 西營盤(港島太平洋酒店) 西環(香港華美達酒店、萬怡酒店、今旅、中遠酒店) 薄扶林道 香港仔(明愛張奧偉國際賓館) 海怡半島	06:50 | 00:20	30	48	城巴
A11	機場 ↕ 北角碼頭	香港島北區： 上環(蘭桂坊酒店) 中環(四季酒店、文華東方酒店、置地文華東方酒店、Hotel LKF、莎瑪中環精品服務式公寓) 金鐘(港麗酒店、港島香格里拉大酒店、香港JW萬豪酒店、奕居、園景軒) 灣仔(遨舍衛蘭軒、港島皇悅酒店、灣仔維景酒店、華美粵海酒店、六國酒店、芬名酒店、香港諾富特世紀酒店、利景酒店、南洋酒店、華登酒店、隆堡雅逸酒店、晉逸精品酒店、麗都酒店、麗悅酒店) 銅鑼灣隆堡(智選假日酒店、怡東酒店、柏寧酒店、富豪香港酒店、Lanson Place Hotel、銅鑼灣皇冠假日酒店、珀麗酒店) 天后(香港如心銅鑼灣海景酒店、銅鑼灣維景酒店、銅鑼灣皇悅酒店) 炮台山(香港麗東酒店、城市花園酒店、港島海逸君綽酒店) 北角(北角麗東軒、粵華酒店、宜必思香港北角)	06:10 | 00:30	20 | 25	40	城巴
A12	機場 ↕ 小西灣 (藍灣半島)	香港島東區： 西環(香港華美達酒店、萬怡酒店) 灣仔(灣景國際賓館、君悅酒店、萬麗海景酒店) 北角(宜必思香港北角) 鰂魚涌(北角海逸酒店) 太古 西灣河 筲箕灣 柴灣	06:00 | 00:10	20 | 25	45	城巴
A21	機場 ↕ 紅磡站	九龍半島中央： 深水埗 太子(旺角維景酒店) 旺角(帝京酒店、朗豪酒店、仕德福酒店) 油麻地(城景國際、海景絲麗酒店、CASA　HOTEL、明愛白英奇賓館、紅茶館：油麻地分店) 佐敦(香港逸東酒店、彌敦酒店、九龍諾富特酒店、萬年青酒店、恆豐酒店、聖地牙哥酒店、新樂酒店、龍堡國際賓館、新天地酒店) 尖沙咀北(皇家太平洋酒店、馬哥孛羅太子酒店、馬哥孛羅港威酒店、美麗華酒店、帝樂文娜公館、君怡酒店) 尖沙咀南(凱悅酒店、金域假日酒店、喜來登酒店、帝國酒店、半島酒店、九龍酒店、港青酒店、朗廷酒店、馬哥孛羅香港酒店、洲際酒店) 尖沙咀東(嘉酒店、隆堡麗景酒店、晉逸精品酒店、粵海酒店、九龍香格里拉酒店、百樂酒店、九龍華美達酒店、帝苑酒店、富豪九龍酒店、九龍皇悅酒店、仕德福山景酒店) 紅磡站(都會海逸酒店)	06:00 | 00:00	10 | 20	33	城巴
A22	機場 ↕ 藍田站	九龍東區： 佐敦(偉晴軒、朗逸酒店、聖地牙哥酒店新館) 紅磡(九龍海逸君綽酒店、紅茶館：紅磡蕪湖街分店) 土瓜灣(8度海逸酒店) 九龍城(富豪東方酒店) 彩虹 九龍灣 觀塘(觀塘麗東酒店)	06:00 | 00:10	15 | 20	39	城巴
A31	機場 ↕ 荃灣	荃灣區： 青衣(盛逸酒店、華逸酒店、青逸酒店) 葵涌 大窩口(悅來酒店) 荃灣(遠東絲麗酒店、如心海景酒店)	06:00 | 00:00	15 | 20	18.9	龍運
A36	機場 ↕ 元朗	新界西北區： 元朗	07:30 | 00:00	30	27.7	龍運
A37	機場 ↕ 洪水橋	新界西北區： 天水圍(嘉湖海逸酒店) 洪水橋	09:00 | 00:00	30	27.7	龍運
A41	機場 ↕ 沙田	沙田區： (帝都酒店、麗豪酒店、沙田凱悅酒店)	06:00 | 00:00	20	22.3	龍運
A43	機場 ↕ 粉嶺	新界北區： 上水 粉嶺	07:00 | 00:00	15 | 20	30.9	龍運

機場篇

搭乘機場巴士步驟

Step 1 前往機場巴士總站

從出關口A或B走到接機大廳，再往接機大廳中間部分走去。在中間部分前面有往機場快線站月台的通道，向這通道走到底，右轉再往下斜坡走到底到機場巴士總站，全程約走5分鐘。

機場接機大廳指標

機場接機大廳中央通道

跟著指標走

Step 2 確認搭乘站牌位置

看指示板查你要搭乘巴士的站牌位置。

巴士路線看這裡
站牌編號看這裡
行李推車要歸位

Step 3 於售票處或上車購票

如需要購買機場巴士車票，可以在指示板左方找到售票處。或走到巴士站牌等車，上車時投幣、投巴士車票、刷八達通卡。

刷八達通卡的感應器　投幣、投鈔票的錢箱

Step 4 留意提示準備下車

全部A系巴士跟部分E系巴士上有跑馬燈，以及國、粵語廣播報下一站名字，留意提示下車。

留意停靠站

行李別忘了拿
下車鈕按這裡

酒店接駁巴士

酒店接駁巴士可以接送你來往於機場跟指定飯店的門前，簡單方便。服務時間約由每天05:00～21:30，從機場送到飯店每30分鐘發車，從飯店送到機場約30～60分鐘一班，車程約45～60分鐘。大巴(港人慣稱遊覽車型巴士為「大巴」)也會經過青馬大橋橋面，可飽覽沿途風景。

酒店接駁巴士

搭乘酒店接駁巴士步驟

Step 1 前往巴士櫃檯報到乘車

從出關口A或B走到接機大廳，A或B出口前面都有酒店接駁巴士的服務櫃檯，到櫃檯報到乘車，也能順便預約回程送機服務時間。

Step 2 依指示前往候車大廳

酒店接駁巴士的上車站在T2旅遊車候車大廳27、28號閘門，服務員會指引你走到候車大廳的方法：

1
往接機大廳中間部分走去，中間部分的前面有往機場快線站月台的通道。

2
向這通道走到底，右轉再往下斜坡走到玻璃門前，左邊有一個橘色隧道，走過隧道就到候車大廳，全程約走5分鐘。

Step 3 登上指定的巴士

在候車大廳等待服務員宣布你要去的飯店名稱，登上指定的大巴，一直到飯店門前才下車。

票價

在香港機場的服務櫃檯現場買票是以原價計算，不過台灣的旅行社大都有代售，預購價約是半價，十分划算。也有自助遊套票附贈來回車票，所以建議規劃旅程時先查看旅行社的價位和套票形式。

起迄	原價單程車票(港幣)
香港機場←→港島區酒店	140
香港機場←→九龍區酒店	130

客運	服務櫃檯
環島旅運	接機大廳A16及B01櫃檯
百聯汽車租賃有限公司	接機大廳A16及B16櫃檯
Vigor活力	接機大廳B04櫃檯

註：3家客運的服務已合併，所以不論你持哪一家的車票，最終都是坐同一台車前往飯店。

製表：古弘基

環島旅運
www.trans-island.com.hk

百聯汽車租賃有限公司
www.hongkonglimo.com

Vigor活力
www.vigortour.com

計程車

香港的士一台車最多坐4或5位乘客（多數是可乘5人的車，車身前後有綠色標示註明限載人數）。的士是按照計程錶收費，另加路費、行李數量等費用，如下：

☑ **行經青馬大橋要收費！** 除非往大嶼山島上的東涌市、迪士尼樂園園區等，否則搭乘的士往香港各區都會行經青馬大橋，乘客須要付過路費港幣30元。

☑ **行經收費隧道和海底隧道要收費！** 如的士行經收費隧道，乘客也得付過路費。使用海底隧道須再加付回程附加費港幣10～15元。

☑ **行李放行李箱要收費！** 使用行李箱每件行李收費港幣5元，放在車廂內的手提行李除外。

乘客下車時可向司機索取車費收據，如果你有行李遺失在車上，可按收據資料找到的士，遇上車費問題也可依收據查核。

搭乘的士步驟

Step 1 前往的士總站

通過接機大廳中央通道，往機場快線站月台的通道走到底，左轉再往下斜坡走到底可看到的士總站，全程約5分鐘。

Step 2 決定搭乘的士種類

在通道上和的士站前有收費表看板，列舉從機場到各地區應該搭乘哪類的士，和大約收費以供參考。

Step 3 排隊上車

按你要到達的地區選擇合適的的士類別，排隊登車。

機場到各地區的車資、車程參考

目的地	大約車資（港幣，含路費）	大約車程（分鐘）	的士分類
香港島： 中環、金鐘 灣仔、銅鑼灣	300	50	紅色
九龍半島： 尖沙咀、佐敦 油麻地、旺角	250	40	紅色
新界區：沙田	260	40	紅色
新界區：荃灣	200	30	綠色
大嶼山：迪士尼	120	20	綠色、藍色

＊以上資料時有異動，依最新公告為準。　製表：古弘基

香港「的士」(Taxi，即是計程車)分3大類
(費率從2013年12月8日起生效)

市區的士(紅色)	新界的士(綠色)	大嶼山的士(藍色)
行駛範圍：香港各區（但不含大嶼山南部）	**行駛範圍**：在指定的新界地區、大嶼山島上跟機場提供服務	**行駛範圍**：只在大嶼山及機場行走
費率：費率最高，首2公里收費港幣22元，其後計程錶在78元以下每0.2公里收費1.6元，78元及以上每0.2公里收費1元。	**費率**：費率較低，首2公里收費港幣18.5元，其後計程錶在60.5元以下每0.2公里收費1.4元，60.5元及以上每0.2公里收費1元。	**費率**：費率最低，首2公里收費港幣17元，其後計程錶在143元以下每0.2公里收費1.4元，143元及以上每0.2公里收費1.2元。

＊以上資料時有異動，依最新公告為準。　製表：古弘基

如何出境香港

雖然所有客機都停靠於T1一號客運大樓，但部分航空公司櫃檯設於T2二號客運大樓，這些航空公司的旅客需到T2二號客運大樓辦理登機及託運行李手續。

香港機場登機大廳

出境行李與內容規定

香港國際機場嚴格檢查出境旅客手提行李大小及數量，當機場人員懷疑登機箱過大時，可能會要求將其放入手提行李量度器確認，如行李過大而沒得到搭乘之航空公司特別批准，將需存艙託運。除登機箱，旅客還可以隨身攜帶一小皮包、一小手提電腦包、或一購物袋登機。除了注意手提行李體積及數量以外，也一樣需注意手提行李的液體、凝膠及噴霧類物品保安規定。

手提行李最大容許體積為56×36×23公分 (22×14×9英吋)

在T1的航空公司櫃檯

大部分航空公司櫃檯仍設於T1，包括中華航空、華信航空、長榮航空、國泰航空、港龍航空。

在T2的航空公司櫃檯

少數航空公司櫃檯則是設在T2，包括立榮航空、香港航空、香港快運航空、泰國航空。

⁉ 旅遊小常識！

××航空公司的飛機會很吵嗎？

曾經有讀者問到搭某某航空公司的飛機會很吵嗎？這不是挑選哪家航空公司的問題，而是你選擇座位的智慧問題！如果你選擇飛機中間(機翼)至前頭的位置，絕對比坐在飛機後半段位置寧靜。

一般民航客機的噪音來源是安裝在機翼下面的噴射引擎，在機翼上面附近的座位得到機翼阻隔噪音，所以最寧靜。另外，在客艙前方也比較靜，原因是跟飛機和噪音的速率有關。雖然音速比飛機速度快，但始終飛機是往前飛的，在機翼的噪音要跑得上飛機前頭比較困難，所以噪音傳到客艙前方比較少，傳到後方的比較多。(註：一般民航機的巡航速度約為800～900公里/小時，音速約為1100公里/小時。)

到航空公司櫃檯報到的最佳時間？

讀者分享香港回台灣時的託運行李經驗：「……4點左右去預掛行李(是搭9點多的飛機回台北)，輕輕鬆鬆的在機場逛街，回到台北又是半夜，問題來了：可能是預辦登機的關係，行李可能是在最底層，回到台北提領行李，我們又是最後一批才等到，出海關又是凌晨12點了，搭遊覽車回台中，隔天還要上班，大家都快累癱了……」

「那麼是不是在香港越早掛行李，回到台灣就會在比較底層，比較晚等到嗎！？」

對！不管你是在香港掛行李，還是在世界任何機場掛行李，總之你越早到機場check in掛行李，你的行李越是放進行李艙底層，比較晚才可領到。

「那麼我最晚才到機場check in就好了！？」

錯！雖然行李是會早點跑出來，但代價是你沒有好的座位可以挑！你可能要坐飛機最後排位置，很吵而且要等別人都走了才可以下機，到通關時又排在最後，結果你還是最後領行李的人；如果是幾個朋友搭飛機，你們可能要分散不同角落來坐，不好玩。

所以說，到航空公司櫃檯辦check in的時間是一門有趣的學問，要「多練習」掌握不同航班的最佳check in時間，才可以找到好位置並且盡快領到行李喔！

機場篇

從香港機場出境步驟

Step 1 辦理登機手續

於顯示板上找到所搭乘航空公司的位置後，到櫃檯前辦理登機手續。除了於機場辦理登機及託運行李手續外，可在香港或九龍機場快線站，或提供轉機服務之珠江三角洲多個客運碼頭辦理手續，但需注意並非所有航空公司都有提供此服務：

- 如在機場快線站辦理，請參閱P.53「機場快線市區預辦登機」。
- 如在珠江三角洲的客運碼頭辦理，手續跟在機場辦理類似，但不在本書介紹範圍內。

航空公司櫃檯位置看這裡

Step 2 證件與安全檢查

於T1或T2持登機證進入禁區，通過保安檢查後到櫃檯，準備旅行證件、旅客離港申報表、入境登記通知書及登機證接受檢查。

出境看這裡

通關前先要在櫃檯核對證件及登機證才可進入禁區

Step 3 登機口候機

依照登機證上或航班資訊顯示板上的登機時間及閘口號碼，跟隨閘口號碼標示牌指示方向，於起飛時間至少30分鐘前到達登機閘口。

如果你在T1通關而要到較遠的閘門登機（例如33～80號），或你是從T2出境要回到在T1的閘門，你可利用禁區內的旅客捷運系統到達。

到較遠之登機閘口可依指示搭乘旅客捷運系統

登機口位置指示看這裡
登機口看這裡

出境香港機場小提醒

機場占地大，預留充足時間前往登機為宜

香港國際機場客運大樓面積大，從保安檢查完畢到最遠的登機閘口一般要花上20～30分鐘，可先於客運大樓地圖找出閘口位置，準備充裕時間前往，並於起飛時間前至少30分鐘抵達閘口。行動不便者可使用付費接載服務。

3種快捷簡易的登機方法

1. 自助辦理登機手續

香港國際機場設有自助登記設備，搭乘指定航空公司的旅客，可選擇以自助方式辦理登機手續，為排隊等候人工櫃檯服務的另一選擇。指定航空公司已載於「香港國際機場旅客指南自助登記設施」網頁上。

Step 1 放入護照或輸入電子機票號碼

按顯示畫面操作，放入護照掃描資料或輸入電子機票編號，以檢索航班資料。

Step 2 選擇座位及領登機證

選擇座位及列印登機證。

Step 3 行李託運

前往航空公司指定「登機易」行李託運櫃檯辦理行李託運。

Step 4 進入禁區辦理出境手續

持登機證進入禁區，辦理出境手續。

香港國際機場旅客指南自助登記設施網站
網址：www.hongkongairport.com/chi/passenger/departure/all/airport-services-facilities/self-service.html
操作詳情請上航空公司網站

2. 機場快線市區預辦登機

機場快線市區預辦登機服務可以說是香港獨有，而且非常體貼旅客的服務，旅客可以帶行李到機場快線香港站或九龍站的航空公司登記櫃檯，辦理登機跟託運行李手續，辦好了拿到正式的登機證之後，可輕鬆方便的在市內觀光購物，晚一點才到香港機場通關也沒關係，所以以很受旅客歡迎。

> ### 市區預辦登機
>
> ① 購買機場快線車票或使用八達通卡
> ② 經由登機旅客入閘機前往登機服務櫃位
> ③ 使用同一張車票或八達通卡進入月台(不另收費)
>
> 市區預辦登機服務特為持有機場快綫

Step 1 確認登機櫃檯位置

從飯店帶護照、機票跟託運行李到機場快線香港站或九龍站(可善用快線免費機場接駁巴士服務)，走到市區預辦登機大廳，查看航班資訊板，找出你搭乘的航空公司的登機服務櫃檯位置。

Step ② 購買快線車票

在客服櫃檯或自動售票機購買快線車票(已有快線車票、快線旅遊票或刷成人八達通的旅客可跳過)。

Step ③ 刷卡進閘

走到航空公司櫃檯區塊入口，以車票或刷八達通卡進閘，這時車票的乘車額度會被扣除／八達通會被扣款。

Step ④ 辦理預辦登機手續

走到航空公司櫃檯做預辦登機跟掛行李手續，你需要繳交護照跟機票接受檢查，也可跟地勤提出座位選擇，手續跟在機場辦的完全一樣。**最晚在飛機起飛前90分鐘辦手續。**

Step ⑤ 繼續觀光行程

手續辦完，航空公司會給你正式的登機證跟託運行李編號標貼，離開時快線車票不會被收回，但你要保留這張車票／八達通留待之後搭車時使用。你可繼續觀光或血拼行程（可善用機場快線免費機場接駁巴士服務）。

建議最晚在飛機起飛前75分鐘回站，搭機場快線到機場。

Step 6 搭乘機場快線去機場

到快線列車月台搭乘機場快線，以同一張車票/八達通進閘。之前使用八達通卡辦預辦登機的旅客，只要刷同一張八達通卡就不會再被扣除車費。

Step 7 直接通關、登機

乘機場快線到達機場，可直接去禁區通關出境和到閘口登機。因為你已辦好登機手續，手上已拿有登機證，所以在香港國際機場不用再去航空公司櫃檯辦手續，託運行李也不用擔心，回到台灣的機場才領回。**建議最晚在飛機起飛前45分鐘進海關。**

市區預辦登機小提醒

有些旅客因為行程安排需求，只想在機場快線站辦市區預辦登機，但放棄坐快線到香港機場，這樣沒問題，操作和收費都跟上面說的一樣，差別只在步驟6，你要另外安排交通到機場。

不過對香港自助旅行新手來說，市區預辦登機服務是太新鮮的事情，所以經常有人對它的實務操作存有誤解。大家在規劃預辦登機動線時，首先必須搞清楚以下5項事實：

「預辦登機跟託運行李」不是機場快線站獨有的喔！

這些服務可以在香港機場免費辦到，即是正常的報到手續。「預辦」的意思只是當天提早，甚至是提早一天辦登記手續及託運行李。

機場快線市區預辦登機服務不是免費開放給所有人利用的喔！

使用者必須持有機場快線車票、機場快線旅遊票的有效機場快線乘車額度，或足夠儲值的成人八達通，才可通過入閘機，到市區預辦登機大廳的航空公司櫃檯辦手續。

機場快線市區預辦登機服務只在機場快線香港站或九龍站有提供(青衣站沒有)

櫃檯區塊開放時間為每日05:30～00:30，但你最晚必須在飛機起飛前90分鐘辦好手續，而且建議你先跟航空公司確認櫃檯的辦公時間。

部分航空可提前一天接受辦理預辦登機

中華航空、華信航空、長榮航空、國泰航空、港龍航空、香港航空、香港快運航空的乘客，可由登機前一日至飛機起飛前90分鐘到機場快線站的航空公司櫃檯辦理預辦登機跟託運行李手續。

3. 機場登機/預辦登機

大部分航空公司接受提早辦理登機及託運行李手續，按不同航空公司，由起飛前幾小時至1天接受辦理及領取登機證。自助旅行者可善用此服務，將託運行李提早交給航空公司及領取登機證，輕鬆享受香港的最後行程！

開始在香港
自助旅行

澳門新葡京酒店

澳門·大陸入出境篇
IntoMacau&China

抵達香港後，
如何入出境澳門、大陸？

香港靠近澳門跟大陸廣東省深圳、東莞、廣州等城市，從那邊往來香港市區的交通班次非常頻密而且是24小時通關，所以如果時間和證件許可，你可以規劃香港－澳門－大陸之間的三地遊。

如何入出境澳門

曾經為葡萄牙殖民地400多年的澳門，雖然已在1999年回歸大陸統治，不過在政治、經濟、民生、文化、市容等等領域上仍舊保持其獨特風格，是一個充滿歐洲風情的異國城市。

葡萄牙菜

澳門本身沒有天然資源，旅遊工業成主要經濟支柱，所以澳門官民都十分重視旅客，提供各種便利，最明顯的是台灣旅客到澳門旅遊不用辦簽證，加上各種路標看板、入境表格、旅遊指南、餐廳菜單等等都是用繁體中文跟葡文對照寫成，所以澳門絕對是便利背包客的旅遊城市。

葡式蛋撻

威尼斯人度假村

金沙娛樂場

鉅記餅家

澳門←→香港的交通工具

香港跟澳門之間隔著一個大海（珠江出口），所以兩地交通以海路為主，也有最快捷的直昇機服務。

從澳門出發可以在澳門市區的外港碼頭或在路氹金光大道附近的氹仔碼頭通關，而到達香港可區分在香港島上環信德中心的港澳碼頭（MTR上環站連接）、九龍尖沙咀中港城的中國客運碼頭（中港碼頭，MTR尖沙咀站走10～15分鐘），或香港機場海

⁉️ 香港旅遊小常識！

香港島和九龍之間隔著一個維多利亞港（海港），所以如果要從香港島往九龍，在地人會稱為「過海」。同樣地，因為香港跟澳門隔著一個比維多利亞港更大的海，香港人也俗稱到澳門為「過大海」。

天客運碼頭入境（在管制區內只可直接轉搭飛機）。

另外還有一種繞道大陸的客運巴士方式，不過比較花時間和體力，所以不建議利用。

港澳碼頭噴射飛航

上環信德中心港澳碼頭

澳門、大陸入出境

澳門─香港聯接交通資訊表 (從2012年6月28日起生效)

交通	快船		直升機
業者	**噴射飛航**	**金光飛航**	**空中快線**
澳門口岸	外港碼頭、氹仔碼頭	氹仔碼頭	新外港碼頭
香港口岸	港澳碼頭、中港碼頭、海天客運碼頭	港澳碼頭、中港碼頭、海天客運碼頭	港澳碼頭
航程	約70分鐘	約70分鐘	約15分鐘
票價	普通等約港幣164～200元起跳	普通等約港幣165～201元起跳	約港幣4,300元
服務時間	港澳碼頭24小時有船，07:00～23:59時段為每15分鐘一班	06:30～23:59，每30分鐘一班	09:00～23:00每30分鐘一班
台灣查詢電話	800-3628-3628	──	──
澳門查詢電話	+853-2855-5025	+853-2885-0595	+853-2872-7288
香港查詢電話	+852-2859-3333	+852-2359-9990	+852-2108-9898
網址	www.turbojet.com.hk	hk.cotaiwaterjet.com	www.skyshuttlehk.com

＊以上資料時有異動，依最新公告為準。 製表：古弘基

從香港入境澳門步驟

　　從香港入境澳門跟入境香港同樣方便，唯一的分別是，入境澳門不用辦理任何簽證及填寫抵澳申報表，但通關也需要檢查護照。

搭船往澳門小提醒

多比較，船票也可以撿便宜
在碼頭售票處附近的旅行社買同樣的船票，通常可比售票處買票便宜約港幣10元。另外，一些香港的旅行社例如香港中國旅行社有「來往澳門船票＋飯店＋景點門票＋餐券」之類的折價套票在賣，比你到場單買各項划算很多。

碼頭售票處附近的旅行社

排候補可以讓你提早登船
來往港澳的快船有一項叫「候補」的提早搭船服務，意思是你有一張坐船時間是當天比較晚的船票，而你想提早搭船，你可以到候船室外「候補」牌子前排隊，當其他正常乘客入座後還有空位，船公司會安排候補乘客上船。

候補排隊上船

⁉ 澳門旅遊小常識！

貨幣
　　澳門主要流通貨幣為澳門幣(MOP)，亦通用港幣(HKD)和人民幣(CNY)，匯率為MOP 1：HKD 1：CNY 1。

交通
　　澳門大型賭場酒店為了吸引旅客，會在外港碼頭和氹仔碼頭提供免費專車。旅客縱然不想去賭場，也可多加利用去賭場酒店附近的景點。
　　澳門亦有公車和的士。公車採上車付費，按鈴下車。車費MOP2.8～6.4，全日24小時服務。的士車身全黑，按表收費，首1,600公尺MOP17，每260公尺或停車每60秒MOP2，亦有收取行李、往離島及機場附加費。
　　澳門交通事務局：www.dsat.gov.mo

通訊
　　指定政府場地、公共設施及旅遊景點都有設置「WIFI任我行(WIFI GO)」免費無線寬頻服務。各行動電話服務商也有售賣含通話及流動數據預付卡。
　　WIF任我行：www.wifi.gov.mo/cn
　　和記電話(澳門)：www.three.com.mo/sim/3g
　　澳門電訊：www.ctm.net/cportal
　　數碼通(澳門)：www.smartone.com/mo/tc

從澳門入境香港步驟

Step 1 購票

在澳門碼頭的出境大廳可以買船票和直升機票，也可以在線上預購或到售票處附近的旅行社購票。

Step 2 通關

走進出境海關，排隊通關。在入口處有人員先檢查船票／機票，有票者才可進入管制區。

Step 3 候機／候船

關員檢查證件及回收離澳申報表格後，走到船或直升機等候區塊。快船乘客要查看電子報板找你搭乘的船的候船室；直升機客人走到候機貴賓廳。

Step 4 劃位

到候船室入口排隊，進入時把船票交給職員劃位，職員會貼上一塊座位編號小貼紙。

Step 5 登船與填抵港申報表

坐船或直升機往香港時，服務員會派發一份兩頁的「旅客抵港申報表」，這跟在香港機場入境時要填寫的一樣，填好及簽名備用。

Step 6 入境海關

坐船或直升機到達香港的碼頭，按指示走到入境海關櫃檯排隊，接受護照、簽證或台胞證檢查，抵港申報表第一頁會被回收。

Step 7 行李檢查並出關

通過後走到檢查行李區塊，如沒有應課稅物品，可以走綠色通道出關。

如何入出境大陸廣東

自大陸開放後，台灣企業都湧到大陸投資，香港隔鄰的廣東省是台商投資大陸的熱門省份之一。因為從香港到廣東省深圳、東莞等地區只需1～2小時車程，所以有大量經商旅客及家屬都會取道香港來往廣東省和台灣，也順道到香港旅遊。台灣民眾到大陸須持有台胞證及有效簽註，香港政府為便利旅客，歡迎持證人免港簽停留香港7天。香港跟廣東省之間的交通採用陸路為主，也有快船服務。

大陸往香港大巴

跨境客運巴士

廣東省來往香港之間有十多家客運提供很多長短不同路線的巴士服務，以45座位的單層空調旅遊巴士為主，車程大約1～4小時，收費約港幣45～250元，在深圳市的皇崗口岸或深圳灣口岸通關。因為車費便宜、班次頻密、可以直接到達目的地，而且口岸是24小時通關，方便划算，所以這是在地人最常利用的通關模式之一。

大陸往香港高速公路

香港—廣東跨境巴士交通資訊

業者(部分)	香港中旅汽車服務	永東直巴管理	粵港汽車運輸	環島旅運	通寶環島過境巴士服務
路線	深圳機場／廣東省各市←→香港機場／香港市區／迪士尼／海洋公園	廣東省各市←→香港機場／香港市區／迪士尼／海洋公園	廣東省各市←→香港市區／迪士尼	深圳機場／廣東省各市←→香港機場／香港市區／迪士尼	廣東省各市←→香港機場
台灣查詢電話	——	(02) 2507-7731			(02) 2571-9729
深圳查詢電話	+86-755-8339-1086	+86-755-2593-8930	——	+86-4006-123-148	+86-755-8333-2445
香港查詢電話	+852-3604-0118	+852-3760-0888	+852-2317-7900	+852-3193-9332	+852-3193-9332
網址	ctsbus.hkcts.com	www.eebus.com	www.gdhk.cn	www.trans-island.com.hk	www.gogobus.com.tw

＊以上資料時有異動，依最新公告為準。　　　　　　　　　　　　　　　　　　　製表：古弘基

從香港經皇崗／深圳灣口岸入境大陸步驟

從香港入境大陸的流程跟P.63的步驟差不多，唯一的分別是，入境大陸時不用填旅客申報表，但通關也需要檢查台胞證。

鐵路－口岸接駁港鐵

你可從大陸各處搭國內火車、深圳地鐵、客運、汽車等等，到達深圳市羅湖口岸或福田口岸通關，走到港方乘港鐵東鐵線或落馬洲支線，約半小時多直到香港市區。因爲車費比較便宜，出發時間也有彈性，所以這是在地人最常利用的通關模式之一。

在羅湖／福田口岸通關步驟

這裡通關跟乘巴士在深圳灣口岸「一地兩檢」通關方式一樣。

港鐵查詢熱線：+852-2881-8888
網址：www.mtr.com.hk

MTR東鐵線列車

鐵路－直通火車

在大陸東莞(常平)、廣州、佛山及肇慶等地方有直通火車來往港鐵紅磡車站，車程大約2～4小時，普通等車票約港幣155～255元。

直通火車的通關步驟

坐直通火車的通關程序跟搭飛機差不多，在起站辦好了出境手續，到迄站檢查證件跟行李入境，省卻中途在口岸上下車通關的麻煩。

城際客運服務熱線：+852-2947-7888
網址：www.it3.mtr.com.hk

海路－快船

珠江三角洲一帶的岸邊市鎮有雙體快船來往上環港澳碼頭、尖沙咀中港城碼頭或香港機場海天客運碼頭，航程大約1～4小時，普通等船票約港幣220～350元。

快船的通關步驟

坐這類快船的通關手續跟來往澳門的程序差不多，只要在兩地碼頭辦出入境通關，省卻中途在口岸排隊的麻煩。

珠江客運查詢熱線：+852-2858-3876
網址：www.cksp.com.hk

尖沙咀中港城碼頭上船

大陸碼頭通關

從大陸經皇崗／深圳灣口岸入境香港步驟

在深圳灣口岸實施「一地兩檢」，你到口岸只要下車一次，到同一大樓內完成大陸跟香港的通關程序，然後登上往目的地的巴士（即是省掉下面說的 Step 4），全程只約10分鐘。

Step 1 購票上車

在廣東省內的客運發車站買車票，等候開車。

大陸往香港車站售票處

Step 2 下車通關

巴士到皇崗口岸管制區內，你帶行李下車，走進大陸海關出境大廳，排隊通關。

皇崗出境大廳

Step 3 依指示到出口候車

關員檢查台胞證後可以通過，按指示走到出境大廳出口。

皇崗出境大廳內

Step 4 上車抵香港管制區

在出口處搭乘客運公司安排的巴士（可能是同一台或另一台車）到香港管制區，拖行李下車。走進香港海關入境大廳，取一份兩頁的「旅客抵港申報表」，這跟在香港機場入境時要填寫的一樣，填好及簽名備用，排隊通關。

大陸出境後的巴士候車處

Step 5 通關，搭車直達目的地

關員檢查護照、簽證或台胞證，及回收旅客申報表第一頁後可以通過，按指示走到巴士候車處。搭乘同一輛巴士離開管制區，驅車直到香港市內你的目的地。

香港入境後的巴士候車處

開始在香港
自助旅行

住宿篇
Accommodation

在香港旅行，有哪些住宿選擇？

香港是全球著名的旅遊經貿城市，遇上節慶或商展往往一房難求。如何有效訂房並選擇合適的住宿點，入住時有哪些須注意的事項，本單元通通會告訴你方法。

香港背景資訊

香港是聞名全球的旅遊和經貿城市,每年到香港短期停留的觀光或洽公旅客數以千萬計,如果碰上旅遊旺季、特別節慶、貿易展覽、國際會議等等,不單一房難求,價位也水漲船高,建議你在規劃行程時要首先搜集住宿資訊,遇上價廉物美、地點適中的飯店旅館就不要輕易放過,預訂房間後就可以安心慢慢的規劃配合住處的美食、觀光、購物行程和交通動線了。

超級豪宅大樓公寓:九龍站上層的凱旋門, 2008年中頂層某單位以港幣2.25億元(約台幣9億元)易手

如何選擇合適的住宿地點

雖無論你想入住豪華的酒店、舒適的賓館,還是經濟的青年旅舍,香港的住宿選擇均十分多樣化,能滿足你不同的要求,且豐儉由人,重點是你要懂得預先搜集資料和多作比較,選擇最適合你個人喜愛和需要的住宿地點。

考量1 位置的便利性

觀光客應該選擇香港市中心美食、觀光、購物熱點附近且交通便利的地點投宿,方便每天到處吃喝玩樂。住處應盡量靠近港鐵站,最理想的是走路幾分鐘就可以到達,離開太遠的話,當你一天玩累了還要拖著大包小包跟鐵腿回去,真的會要人命!

在市中心鬧區投宿的另一好處是,附近生活機能較好,要就近找早餐、宵夜,或需要到超市補給飲料、零嘴、衛生用品、買伴手禮等等都很方便。

一般來說,住在港鐵港島線上環、中環、金鐘、灣仔、銅鑼灣、天后、炮台山、北角站附近,跟港鐵荃灣線尖沙咀、佐敦、油麻地、旺角、太子站附近都是方便之選。

銅鑼灣維景酒店,面對維多利亞公園跟銅鑼灣區廣闊景觀,旁邊就有超市跟便利商店,走約3分鐘到港鐵天后站,附近還有巴士站、電車站和超多餐廳跟道地美食

考量2 住宿的品質跟預算

旅客在香港的住宿主要分為酒店、賓館及青年旅舍。尤以酒店選擇最為豐富,且位置、服務質素、設施及安全度等亦較其他兩類為高。

酒店

香港的酒店種類選擇繁多,有世界知名的頂級酒店、國際連鎖集團經營的酒店,也有香港在地人經營的酒店。主要可分為豪華型、高檔型、中價型及經濟型。

賓館

香港的賓館環境普遍整潔價廉、適合精打細算的旅客。賓館一般設施有限,但大部分房間都備有空調、獨立的洗手間。由於部分賓館為無牌經營,而且走火及通風設施不足,建議預訂前必須留意是否為持牌賓館,以確保獲得安全而舒適的住宿。

飯店衛浴的盥洗用品、吹風機

飯店小坪數房間

尖沙咀海港城的馬可孛羅港威酒店

青年旅舍

香港的青年旅舍設施與房租跟中價型酒店相等,如想尋找更低價的住宿,可選擇香港青年旅舍協會旗下經營的7間青年旅舍。雖然這些旅舍價格低廉,但大部分都設於郊區,位置偏遠。

香港住宿訂房看這裡

香港酒店訂房中心
網址:www.hongkonghotels.com

香港酒店網
網址:www.hotelhk.com

永安旅遊—酒店機票APP

iPhone app

Android app

＊以上資料時有異動,出發前請再次確認。

訂房小提醒

最後一刻訂房
如你到香港時真的還沒有訂好飯店,可以在香港機場出關口後走到接機大廳的通道上,找到香港酒店業協會的服務櫃檯,服務員可以為你安排各大小飯店的訂房,而且不收取服務費。

酒店房租稅
從2008年4月起香港政府免收酒店房租稅(原收3%),也就是說你在訂房或買套票時要注意店家有沒有多收房租稅。

有些住宿事項你一定要知道

哪裡訂房比較好

　　自助遊新手第一大常見疑問：「我到底要在台灣的旅行社訂房？跟台灣的旅行社買『機＋酒』套票？在網路找香港的旅遊網站訂房？還是直接跟香港的飯店訂房？到底哪個比較省錢耶！？」。

　　答案是「不一定！」有時候飯店會跟台灣的旅行社和航空公司合作推廣，所以跟台灣的旅行社訂房或買「機＋酒」比較划算，而且贈送車票、機場接送、商店折價券、香港一日遊之類的額外紅利；有時候飯店會找香港在地的旅行社推廣，房價會比在台灣訂購便宜；也有機會遇上因為飯店的入住行情不如理想，所以它們臨時在網站推出大折價速銷活動，你要在它的網站預訂才可以享受優惠價格。

　　總之，訂房的途徑是沒　定，自助旅客應學習從旅行社和網路多方面搜集資訊「貨比三家」，從中找出最划算的訂房訂票方案。

如何訂房

買套票請旅行社全套處理

　　對新手而言，在台灣找旅行社買「機＋酒」套票比較方便省時，有專業人員替你統一處理訂房、機票、簽證等等問題，而且如上面說的會有贈送額外紅利。有經驗的自助旅客可以嘗試預先搜集多方面資訊，比較價位和利弊再決定訂購方式。

絕對不要隨性抵港才訂房

　　有一點可以肯定的是，你應該在出發前就訂好住處，不建議到香港才找旅行社或到飯店賓館叩門。

　　到外國旅遊跟在國內旅遊不同，你拖著行李箱到一處陌生地已經需要大量精力應付交通和找路等問題，如果還要到處張羅飯店、賓館，一定影響你這次去玩的心情。另外，香港的飯店、賓館通常只給預訂客人打折，沒有預約而來的人是收取原價。

台灣旅行社無代訂賓館民宿服務

　　如果要投宿賓館、民宿的旅客，通常台灣的旅行社沒提供代訂或套票，你要自己找香港的旅遊網站幫忙或直接聯絡店家訂房。建議你預早訂房和付訂金，因為這類店家房間不多，容易客滿。

⁉️ 香港的大樓層數！

　　香港使用的大樓層數編排是依循英國方式，所以跟台灣的叫法有明顯差異。

　　香港店家地址常見的「XX道某號地下」，「地下」即是英文中「Ground Floor」(在地面的一層)，就是台灣說的「一樓」；而香港人習慣說的「一樓」其實就等於台灣人說的二樓，如此類推。如果要說地下室，在香港是寫「地庫」，即是英文中的「Basement」。

　　飯店或賓館大樓，電梯的樓層數字通常會這樣寫：

電梯內標示	香港層數	台灣層數
3(或以上)	3(或以上)	4(或以上)
2	2	3
1	1	2
G或0	地下	1
B或-1	地庫	地下室

住房的注意事項

住房的押金

 如無房內消費，退房時押金會全數退還

即使你在台灣已訂好房間並付了租金，到香港飯店、賓館入住時，店家都會要求你繳交住宿押金，通常是一晚房租或港幣500元左右，你可以付現金或刷卡支付。在退房時只要你沒有在房內消費(例如撥電話、喝房內飲料)，押金會全數退還或銷毀刷卡授權單據。

住宿的設備和服務

 一般飯店未附早餐

一般香港各式大小飯店，房間內都附設：
- ☑空調
- ☑消防系統
- ☑私人衛浴(含盥洗用品)
- ☑吹風機
- ☑冰箱
- ☑快煮壺
- ☑免費飲用水
- ☑咖啡包、茶包
- ☑電視(部分可以收看台灣電視節目)

不過跟台灣不同的是，除非在訂房訂套票時有特別註明，否則香港的飯店都不會附送早餐，在房內上網跟撥打市內電話都要收費，而且都很貴。早餐的問題其實不大，因為通常很容易在飯店附近找到好吃的早餐店(何況到道地的港式茶餐廳和酒家吃早餐、飲早茶是形成香港美食行程的一個重要項目，不應錯過！)在香港上網跟打電話的問題可以參考「通訊篇」P.148的詳細解決方案。

房內的瓶裝礦泉水、罐裝飲料

 很貴，建議到超市買水或自行煮水

通常飯店每天免費供應兩瓶750毫升的飲用水，其他放在房內或冰箱的瓶裝礦泉水跟罐裝飲料都要收費，而且超貴：一瓶1.5公升的進口礦泉水收費可能要港幣50元(新台幣約200元)以上！

所以，如有需要買礦泉水和飲料，應該盡量到超市(例如惠康，即是台灣的頂好，還有百佳)、藥妝店(屈臣氏及萬寧等)、便利商店(7-11和OK)等等購買，在超市買一瓶750毫升的礦泉水或蒸餾水才約港幣3～5元，1.5公升也只要港幣5～8元左右。

話說回來，香港的自來水全部都經過消毒過濾，水質屬軟性，而且添加保護牙齒的「氟」，是一級飲用水，只要煮沸過便可以喝，在地人一般不買瓶裝水回家喝。飯店一般都有提供快煮壺，所以你可以多加利用，從浴室取水煮沸後飲用。

住處的電壓和插座

 自備轉接頭或跟飯店借用

香港慣用的電源插座是三孔扁方形設計，所以台灣使用的兩腳插頭不能插入，你需要自備轉接頭或跟飯店借用(請注意電器的電壓，詳情請看「認識香港」P.17)。

另一解決辦法：很多飯店的衛浴內都配備了一個提供110V～220V電源的兩孔插座，原意是讓客人操作電鬍刀，但你也不妨利用作兩腳插頭電器取電之用。

飯店衛浴的兩孔115～230V插座

小費小提醒

很多自助遊新手都關注付小費的問題，擔心給太少沒禮貌遭白眼。我曾跟一位香港五星級飯店的人員談過這問題，「床頭小費」其實在行內已不流行，不給也沒有問題，而且打掃房間的員工有很多，每天都在輪班，所以即使昨天你房間打掃得很好，今天你希望放下床頭小費打賞給那位服務員，但今天來的人可能不同，你的心意根本不能傳給正確的人。另外一項常見的「行李運送小費」，門僮幫忙從大門送行李到達你的房間，你可以直接給他小費道謝，一般港幣10～20元都OK。

香港住宿推薦

豪華型酒店

此類酒店全是國際知名酒店，位置大部分位於市中心一線商業區及購物區，交通方便。酒店房間空間廣，再配合酒店完備的設施，優質的服務，絕對是帝豪級享受，但由於房價昂貴，一晚房價從港幣4,000元起，故以洽公旅客爲主。

香港半島酒店
The Peninsula Hong Kong

香港半島酒店建於1928年，是香港歷史最悠久的酒店，亦是全球最豪華酒店十強之一，爲一家六星級酒店，酒店建築更被評審爲一級歷史建築。

地址：九龍尖沙咀梳士巴利道22號
網址：hongkong.peninsula.com
FB：www.facebook.com/ThePeninsulaHongKong
交通：MTR尖沙咀站／E出口走5分鐘
　　　MTR尖東站／L3或L4出口走5分鐘
　　　MTR九龍站／B出口，轉乘機場快線K2路免費穿梭巴士(免費穿梭巴士只供搭乘機場快線之旅客使用)
　　　機場巴士A21路，中間道站下車走5分鐘

香港四季酒店
Four Seasons Hotel Hong Kong

香港四季酒店爲國際金融中心的酒店部分，於2005年開幕，是一家屬五星級卻被譽爲六星級的酒店，與國際金融中心一期相連接，5分鐘可抵達MTR香港站。

地址：香港中環金融街8號
網址：www.fourseasons.com/hongkong
FB：www.facebook.com/FourSeasonsHotelHongKong
交通：MTR香港站／E1出口走5分鐘
　　　機場巴士A11路，怡和大廈站下車走10分鐘

置地文華東方酒店
The Landmark Mandarin Oriental, Hong Kong

於2005年開幕，是全球最豪華的酒店之一。由文華東方酒店集團管理，位於中環置地廣場內，鄰近蘭桂坊，前往MTR中環站只需5分鐘。

地址：香港中環皇后大道中15號置地廣場
網址：www.mandarinoriental.com.hk/landmark
FB：www.facebook.com/TheLandmarkMandarinOriental
交通：MTR中環站／G出口走5分鐘
　　　MTR香港站轉乘的士前往
　　　機場巴士A11路，怡和大廈站下車走15～20分鐘

高檔型酒店

此類酒店多爲香港五星級酒店，位置大部分位於市中心。雖然國際知名度不及豪華型酒店，但服務和設施同樣是頂級的，房間空間寬廣，是享受悠閒闊客不二之選，房價較豪華型爲低，一晚房價從港幣2,000元起，故極受愛享受的旅客歡迎。

九龍海逸君綽酒店
Harbour Grand Kowloon

九龍海逸君綽酒店是海逸國際酒店集團旗下一家五星級酒店，於1995年開業，位於九龍海濱，酒店常接待世界級賓客，距離尖沙咀僅有5分鐘車程。酒店有免費穿梭巴士前往MTR尖沙咀站、尖東站及紅磡站。

地址：九龍紅磡黃埔花園德豐街20號
網址：kowloon.harbourgrand.com
FB：www.facebook.com/HarbourGrandKowloon
交通：MTR紅磡站／C出口，轉乘的士前往
　　　MTR九龍站／B出口，轉乘機場快線K1路免費穿梭巴士(免費穿梭巴士只供搭乘機場快線之旅客使用)
　　　機場巴士A22路，紅磡山谷道站下車走25～30分鐘
　　　城巴E23路，黃埔花園站下車走8分鐘

香港帝苑酒店
The Royal Garden

香港帝苑酒店於1981年開業，是香港一家五星級酒店，位於尖沙咀東部，鄰近星光大道及尖沙咀各購物熱點，前往MTR紅磡、尖東或尖沙咀站只需數分鐘，

交通便利。

地址：九龍尖沙咀東部麼地道69號
網址：www.rghk.com.hk
FB：www.facebook.com/theroyalgarden.hk
交通：MTR尖東站／P1或P2出口走5分鐘
　　　MTR九龍站／B出口，轉乘機場快線K3路免費穿梭巴士，富豪九龍酒店下車走2分鐘(免費穿梭巴士只供搭乘機場快線之旅客使用)
　　　機場巴士A21路，麼地道站下車走10分鐘

香港康德思酒店
Cordis Hong Kong at Langham Place

香港旺角朗豪酒店於2004年開幕，2015年8月易名爲香港康得思酒店。位於九龍旺角區中心地帶的五星級酒店，酒店連接MTR旺角站和朗豪坊購物商場，交通四通八達。多個旅遊熱點如女人街、廟街等近在咫尺。

地址：九龍旺角上海街555號
網址：www.cordishotels.com/sc/hong-kong
交通：MTR旺角站／C3或E1出口走5分鐘
　　　MTR九龍站轉乘的士前往
　　　機場巴士A21路，銀行中心站下車走8分鐘

香港柏寧鉑爾曼酒店
The Park Lane Hong Kong, A Pullman Hotel

香港柏寧酒店於1974年落成，現稱香港柏寧鉑爾曼酒店。是香港一家五星級酒店，位於銅鑼灣的中心位置，鄰近維多利亞公園及皇室堡商場，走5分鐘便可到達MTR銅鑼灣站。

地址：香港銅鑼灣告士打道310號

網址：www.parklane.com.hk
FB：www.facebook.com/parklane
交通：MTR銅鑼灣站／E出口走5分鐘
　　　MTR香港站／機場快線下車後，於同層轉乘機場快線H2往銅鑼灣路免費穿梭巴士(免費穿梭巴士只供搭乘機場快線之旅客使用)
　　　機場巴士A11路，糖街站下車走8分鐘

網址：www.marriott.com/hotels/travel/hkghv
FB：www.facebook.com/renaissanceharbourviewhongkong
交通：MTR灣仔站／A5出口，沿人行天橋往入境處大樓，經中環廣場，再按指示走，全程約需15分鐘
　　　MTR香港站／機場快線下車後，於同層轉乘機場快線H2往炮台山及灣仔北路免費穿梭巴士(免費穿梭巴士只供搭乘機場快線之旅客使用)
　　　機場巴士A12路，入境事務大樓站下車走10分鐘

香港JW萬豪酒店
JW Marriott Hotel Hong Kong

　　香港JW萬豪酒店於1988年開幕，是萬豪國際酒店集團旗下一家五星級酒店，鄰近太平山山頂纜車站及太古廣場，10分鐘即可直達MTR金鐘站。

地址：香港中環金鐘道88號太古廣場
網址：www.marriott.com/hotels/travel/hkgdt-jw-marriott-hotel-hong-kong
FB：www.facebook.com/jwmarriotthk
交通：MTR金鐘站／F出口，進入太古廣場按指示走10分鐘
　　　MTR香港站／機場快線下車後，於同層轉乘機場快線H1往金鐘及灣仔路免費穿梭巴士(免費穿梭巴士只供搭乘機場快線之旅客使用)
　　　機場巴士A11路，金鐘站下車走15分鐘

香港萬麗海景酒店
Renaissance Harbour View Hotel

　　香港萬麗海景酒店於1989年開幕，是萬豪酒店集團管理的一家五星級酒店。位於香港會議展覽中心上蓋，鄰近金紫荊廣場及灣仔渡輪碼頭，前往MTR灣仔站約需10幾分鐘。

地址：香港灣仔港灣道1號

中價型酒店

　　此類酒店是一些規模比較小巧的高級酒店，雖然酒店設施不像大型酒店般奢華，不過它們都依照高級大型酒店的標準來設定。它們多採用時尚品味設計，環境舒適現代化，客房設施備品高貴精緻，並提供貼心親切的高級酒店服務，是享受旅遊生活的另一種選擇。一晚房價從港幣1,000元起，由於品質和價位都很不錯，故適合一般家庭觀光客和洽商旅客入住。

諾富特香港東薈城酒店
Novotel Citygate Hong Kong

　　諾富特香港東薈城酒店於2006年開幕，位於東涌，鄰近昂坪360、天壇大佛及迪士尼樂園等熱門景點，酒店設機場免費穿梭巴士接送服務，車程只需5分鐘，走數分鐘便可到達MTR東涌站。

地址：新界東涌文東路51號
網址：www.novotelcitygate.com/hk
FB：www.facebook.com/novotelcitygatehk
交通：MTR東涌站／C出口，進入東薈城按指示走10分鐘
　　　城巴S1路，東涌站下車走10分鐘
　　　機場搭乘酒店提供的免費穿梭巴士
　　　機場搭乘的士前往

趣味用語：划算＝抵買；養蚊子＝養老鼠（形容荒廢無用）、拍烏蠅（形容生意慘淡）

隆堡麗景酒店
Hotel Panorama by Rhombus

　　隆堡麗景酒店於2008年開業，由隆堡國際酒店集團管理，外型是一幢呈三角形的建築物，鄰近K11商場，走5分鐘便可到達MTR尖東站。

地址：九龍尖沙咀赫德道8號
網址：www.hotelpanorama.com.hk
FB：www.facebook.com/hotelpanoramabyrhombus
交通：MTR尖東站／N1出口走5分鐘
　　　MTR九龍站／B出口，轉乘機場快線K3路免費穿梭巴士，凱悅酒店下車走8分鐘(免費穿梭巴士只供搭乘機場快線之旅客使用)
　　　機場巴士A21路，麼地道站下車走8分鐘

香港沙田凱悅酒店
Hyatt Regency Hong Kong, Sha Tin

　　香港沙田凱悅酒店2009年開業，由凱悅國際酒店集團管理，是一家五星級酒店，鄰近沙田馬場及香港科學園等旅遊景點，走5分鐘便可到達MTR大學站。酒店提供免費穿梭巴士往來香港科學園、沙田、MTR九龍站及尖沙咀。

地址：新界沙田澤祥街18號
網址：www.hongkong.shatin.hyatt.com.hk
FB：www.facebook.com/HyattRegencyHongKongShaTin
交通：MTR大學站／B出口走5分鐘
　　　機場巴士A41路，沙田市中心巴士總站下車，轉乘的士前往

富豪香港酒店
Regal Hong Kong Hotel

　　富豪香港酒店於1993年開幕，由富豪國際酒店集團管理，位於銅鑼灣，鄰近維多利亞公園，前往MTR銅鑼灣站只需數分鐘。

地址：香港銅鑼灣怡和街88號
網址：www.regalhotel.com/regal-hongkong-hotel/tc/home/home.html
FB：www.facebook.com/regalhongkonghotel
交通：MTR銅鑼灣站／E出口走8分鐘
　　　MTR香港站轉乘的士前往
　　　MTR香港站／機場快線下車後，於同層轉乘機場快線H2往銅鑼灣路免費穿梭巴士(免費穿梭巴士只供搭乘機場快線之旅客使用)
　　　機場巴士A11路，糖街站下車走5分鐘

香港金域假日酒店
Holiday Inn Golden Mile Hong Kong

　　香港金域假日酒店於1974年開業，酒店位於尖沙咀中心地帶，各購物觀光熱點均近在咫尺，前往MTR尖沙咀站只需3分鐘。

地址：九龍尖沙咀彌敦道50號
網址：www.holidayinn.com
FB：www.facebook.com/Holiday-Inn-Golden-Mile
交通：MTR尖沙咀站／C1出口走3分鐘
　　　MTR尖東站／N5出口走3分鐘
　　　MTR九龍站／B出口，轉乘機場快線K3路免費穿梭巴士(免費穿梭巴士只供搭乘機場快線之旅客使用)
　　　機場巴士A21路，中間道站下車走3分鐘

香港銅鑼灣皇冠假日酒店
Crowne Plaza Hong Kong Causeway Bay

於2009年開幕，位銅鑼灣商業區，鄰近時代廣場和崇光百貨等購物商場，走10分鐘便可達MTR銅鑼灣站。

地址：香港銅鑼灣禮頓道8號
網址：www.cphongkong.com
FB：www.facebook.com/crowneplazahk
交通：MTR銅鑼灣站／A出口走10分鐘
　　　MTR香港站轉乘的士前往
　　　機場巴士A11路，灣仔消防局站下車走10～15分鐘

經濟型酒店

　　此類酒店是比中價型酒店規模更小巧一點的酒店，服務和設施與中價型酒店相差不遠，房間略為小巧一點。此類酒店位置多不在市中心區域，出入會多花一點點時間，但旅客亦不用過分擔心，此類酒店交通亦十分方便，只需走5～10分鐘便可抵達MTR站。由於位置相對較市中心遠，故房租十分大眾化，一晚房價從港幣600元起，由於酒店品質不錯和價位吸引，故適合精打細算的觀光客住宿。

香港華大盛品酒店
Best Western Plus Hotel Hong Kong

於2005年開幕，位於港島西環海旁，毗鄰為穿梭港、澳之渡輪碼頭，走數分鐘便可到達MTR香港大學站。

地址：香港德輔道西308號
網址：www.bestwesternplushotelhongkong.com/tc
交通：MTR香港大學站／B1出口走8分鐘
　　　MTR香港站轉乘的士前往
　　　機場巴士A10路，朝光街站下車走5分鐘
　　　機場巴士A12路，水街站下車走3分鐘

最佳盛品酒店
Best Western Plus Hotel Kowloon

九龍華美達酒店於1988年開幕，現稱最佳盛品酒店。位於尖沙咀，鄰近科學館、歷史博物館等旅遊景點，前往MTR尖東或尖沙咀站只需10幾分鐘，交通方便。

地址：九龍尖沙咀漆咸道南73-75號
網址：www.bestwesternplushotelkowloon.com/tc
交通：MTR尖沙咀站／B2出口走10～15分鐘
　　　MTR尖東站／P3出口走10～15分鐘
　　　MTR九龍站／B出口，轉乘機場快線K4路免費穿梭巴士，百樂酒店下車走3分鐘(免費穿梭巴士只供搭乘機場快線之旅客使用)
　　　機場巴士A21路，加連威老道站下車即至

城景國際
The Cityview

城景國際原為香港中華基督教青年會旗下的賓館，於2008轉營為一家四星級酒店，酒店之環保表現更獲得世界性環保認證機構肯定。酒店鄰近女人街、廟街等旅遊景點，走2分鐘便可到達MTR油麻地站。

地址：九龍油麻地窩打老道23號
網址：www.thecityview.com.hk
FB：www.facebook.com/thecityviewhk

交通：MTR油麻地站／A2出口走2分鐘
　　　MTR九龍站／B出口，轉乘機場快線K5路免費穿梭
　　　巴士(免費穿梭巴士只供搭乘機場快線之旅客使用)
　　　機場巴士A21路，文明里站下車走8分鐘

香港海景絲麗酒店
Silka Seaview Hong Kong

　　香港海景絲麗酒
店於1995年開幕，
位於油麻地市中
心，鄰近廟街夜市
及玉器市場，走數
分鐘便可到達MTR
油麻地站。酒店提供免費穿梭巴士前往旺角、尖沙
咀及MTR九龍站。

地址：九龍油麻地上海街268號
網址：www.silkahotels.com/seaview
FB：www.facebook.com/silkaseaview
交通：MTR油麻地站／C出口走8分鐘
　　　MTR九龍站轉乘的士前往
　　　MTR九龍站／B出口，轉乘機場快線K5路免費穿梭
　　　巴士，城景國際下車走15分鐘(免費穿梭巴士只供搭
　　　乘機場快線之旅客使用)
　　　機場巴士A21路，文明里站下車走10分鐘

香港遠東絲麗酒店
Silka Far East Hong Kong

　　香港遠東絲麗酒
店於2006年開幕，
位於繁華的荃灣市
中心，大型購物中
心、各式食店近在
咫尺。酒店鄰近
MTR荃灣港鐵站，
走5分鐘即可到
達。酒店提供免費
穿梭巴士前往旺角
及MTR青衣站。

地址：九龍荃灣青山道135-143號(青山公路荃灣段)
網址：www.silkahotels.com/fareast
FB：www.facebook.com/silkafareast
交通：MTR荃灣站／B2出口走5分鐘
　　　MTR青衣站轉乘的士前往
　　　機場巴士A31路，荃灣眾安街站下車走3分鐘

香港西九龍絲麗酒店
Silka West Kowloon Hotel Hong Kong

　　香港西九龍絲麗
酒店於2005年開
幕，是一家實惠型
酒店，位於九龍新
發展區大角咀。前
往旺角只需10～15
分鐘步程。酒店提供免費穿梭巴士前往旺角、尖沙
咀及MTR九龍站。

地址：九龍大角咀晏架街48號
網址：www.silkahotels.com/westkowloon
FB：www.facebook.com/silkawestkowloon
交通：MTR旺角站／A2出口走10～15分鐘
　　　MTR奧運站／C2出口走10～15分鐘
　　　MTR九龍站轉乘的士前往
　　　城巴E21路，銘基書院站下車走10分鐘

酒店式賓館

　　賓館、民宿原本是背包客最經濟實惠的選擇，這
些店家都是開設在中古的住商合併式電梯大樓內，
房間多為小坪數套房，不過還是設有空調、私人衛
浴(含盥洗用品)、電視、飲用水等等，基本設施跟
酒店無異，品質一般還好(有些服務範疇甚至比飯
店更好，因為很多賓館有提供免費的市內電話撥打
和上網服務)。

　　但近年來，賓館的房租已經與經濟型酒店相當，
加上部分賓館為無牌經營，且換氣設備和逃生設施

不足，故預訂前必須審慎考慮，建議旅客選擇一些酒店式的賓館較有保障。這類賓館客房面積較小，收費平易近人，雖說房間不大，但賓館設備應有盡有，不必擔心住宿不方便，這類賓館當中有一些是由慈善機構經營的旅館，它們的收費可能跟市價差不多，但環境單純、房間品質通常比較優，所以很值得投宿，一晚房價從港幣400元起。

紅茶館酒店
Bridal Tea House Hotel

紅茶館酒店成立於2003年，爲連鎖式精品酒店集團，旗下酒店遍布九龍及香港島，位置以油麻地分店最便利，機利士南路分店有傷殘人士專用房間。

油麻地分店
地址：九龍油麻地鴉打街6號
網址：www.bthhotel.com/BTH/tc/Home
FB：www.facebook.com/bridalteahousehotel
交通：MTR油麻地站／C出口走3分鐘
　　　MTR九龍站轉乘的士前往
　　　MTR九龍站／B出口，轉乘機場快線K5路免費穿梭巴士，城景國際下車走10分鐘(免費穿梭巴士只供搭乘機場快線之旅客使用)
　　　機場巴士A21路，文明里站下車走5分鐘

紅磡機利士南路分店
地址：九龍紅磡機利士南路69號
網址：www.bthhotel.com/BTH/tc/Home
交通：MTR紅磡站／C出口，轉乘的士前往
　　　MTR紅磡站／B1出口，沿天橋走10分鐘
　　　MTR九龍站轉乘的士前往
　　　機場巴士A22路，紅磡山谷道下車走8分鐘
　　　城巴E23路，觀音街站下車走4分鐘

油麻地分店　　　　　　紅磡機利士南路分店

宏基國際賓館
Bishop Lei International House

宏基國際賓館於1996年開幕，爲香港天主教管轄區經營之酒店，鄰近蘭桂坊。此外，酒店設有定期穿梭巴士服務來往賓館至機場快線香港站、MTR中環站、金鐘站及香港會議展覽中心。

地址：香港中環羅便臣道4號
網址：www.bishopleihtl.com.hk
交通：MTR香港站／E1出口，經恆生銀行大樓，利用半山自動扶梯往羅便臣道，左轉直走，全程約20分鐘
　　　MTR香港站轉乘的士前往
　　　MTR香港站轉乘酒店提供的定期穿梭巴士

明愛白英奇賓館
Caritas Bianchi Lodge

明愛白英奇賓館創辦於1980年，由香港明愛賓館及餐飲服務直接管理，賓館位於油麻地，鄰近廟街，前往旺角購物亦十分方便，走5分鐘可達MTR油麻地站。

地址：九龍油麻地石壁道4號
網址：www.caritas-chs.org.hk/chi/bianchi_lodge.asp
交通：MTR油麻地站／C出口走5分鐘
　　　MTR九龍站轉乘的士前往
　　　MTR九龍站／B出口，轉乘機場快線K5路免費穿梭巴士，城景國際下車走10分鐘(免費穿梭巴士只供搭乘機場快線之旅客使用)
　　　機場巴士A21路，文明里站下車走5分鐘

萬年青酒店(香港)
Evergreen Hotel (Hong Kong)

　於1990年開幕，位於佐敦與油麻地之間，鄰近廟街等觀光景點，走數分鐘便可到達MTR佐敦站。

地址：九龍佐敦吳松街48號
網址：www.evergreenhotel.com
交通：MTR佐敦站／A出口走5～8分鐘
　　　MTR九龍站轉乘的士前往
　　　機場巴士A21路，彌敦酒店站下車走5～8分鐘

青年旅舍

　青年旅舍本是香港平價住宿的一個選擇，不過它們主要都設於偏遠郊區，只有美荷樓青年旅舍位於市區，如入住多人房，一晚房價從港幣200元起，其他房型價格已接近賓館水平。而其他原由慈善機構經營的青年旅舍，經過大規模的裝修已變為酒店，房價已不再是青年旅舍的價位了。

港青酒店(香港基督教青年會)
The Salisbury - YMCA of Hong Kong

　港青酒店於1986年開幕，位於尖沙咀中心區，鄰近海港城、1881 Heritage，走數分鐘便可抵達MTR尖沙咀或尖東站，由於2002年進行了大規模的裝修，裝潢現代化，已成為酒店級類別，部分房間更可直接觀賞「幻彩詠香江」匯演。

地址：九龍尖沙咀梳士巴利道41號
網址：www.ymcahk.org.hk
FB：www.facebook.com/ymcahk
交通：MTR尖沙咀站／E出口走5分鐘
　　　MTR尖東站／L6出口走2分鐘
　　　MTR九龍站／B出口，轉乘機場快線K2路免費穿梭巴士，半島酒店下車走2分鐘(免費穿梭巴士只供搭乘機場快線之旅客使用)，場巴士A21路，中間道站下車走8分鐘

YHA美荷樓青年旅舍
YHA Mei Ho House Youth Hostel

　美荷樓是一座建於1954年的早期徙置大廈，活化及改建成129個房間的青年旅舍，鄰近鴨寮街，走10分鐘便可到達MTR深水埗站。

地址：九龍深水埗石硤尾村41座
網址：www.yha.org.hk/chi/meihohouse/index.php
FB：www.facebook.com/YHAMHH
交通：MTR深水埗站／D2出口走10分鐘
　　　MTR九龍站轉乘的士前往
　　　城巴E21路，欽州街站下車走10～15分鐘

香港基督教女青年會—園景軒
Y Hospitality-Garden View Hong Kong

　香港基督教女青年會旗下之女青園景軒酒店於1990年開業，現已改名為Y Hospitality。園景軒坐落於半山高尚住宅區，鄰近香港動植物公園，走10～15分鐘便可到達山頂纜車站及香港公園。

地址：香港中環麥當勞道1號
網址：www.yhk.com.hk
交通：MTR香港站轉乘的士前往
　　　機場巴士A11路，金鐘站站下車轉乘的士前往

開始在香港
自助旅行

交通篇
Transportation

香港內外走透透，該用什麼交通工具？

香港地少人多，衍生許多類型的大眾交通工具，包括鐵路、巴士、小巴、電車、山頂纜車等等。本單元告訴你如何搭乘各種交通工具，提供班次時刻與路線表，讓你順利搭乘交通工具，體驗不同的香港風情。

香港大衆運輸系統

香港地少人多，養汽機車不便宜，一般香港人大多沒有自己的汽車、機車，多依賴大衆運輸工具，包括鐵路、巴士(公車)、小巴(小型公車)、電車(叮叮車)、山頂纜車、渡輪、輕便鐵路、的士(計程車)等等，服務路線廣泛，服務時間長，而且班次頻密，每日載客量達1,100萬人次。因爲交通工具跟路線也變多變繁雜，建議自助遊新手在出發前事先查看各交通的網站，爲每個行程動線作個交通規劃。

港鐵MTR

香港鐵路公司(港鐵，MTR)於2007年12月2日由地鐵公司跟九廣鐵路公司合併而成，整個綜合鐵路系統全長168.1公里。除了市內9條路線外，港鐵亦營運連繫香港機場和市區的機場快線、在新界西北區行駛的輕便鐵路網絡，還有來往香港跟大陸的直通火車服務。港鐵每日平均載客量340萬人次，是在地人主要的大衆運輸系統。

港鐵：路線多、班次密集

港鐵的服務時間不同、路線也有不同，大約爲06:00～01:00，通常每2～5分鐘一班車。

搭乘港鐵當然先要有車票，單程車資約從港幣4～20多元。你可以在站內的自動售票機買單程車票，不過更方便划算的方案是利用八達通卡(詳情請看本章P.89)，因爲使用八達通搭乘港鐵會享有比單程票便宜5～10%的優惠。

港鐵路線一覽表

製表：古弘基

港鐵MTR					
路線	機場快線	港島線、荃灣線、觀塘線、東涌線 迪士尼線、將軍澳線	東鐵線、西鐵線 馬鞍山線	直通火車	輕便鐵路
服務種類	高鐵	捷運	火車	跨境高鐵	輕軌
原屬公司	地鐵公司		九廣鐵路		

交通篇

搭乘港鐵步驟

Step 1 確認目的地與換線站

先在售票機附近路線圖認清你的目的地在哪裡、要搭乘哪站台的車、要在哪個站換線轉車。

Step 2 刷票卡進閘

票卡感應

走到入閘機用車票或刷八達通進閘，要注意有些閘機只供刷八達通，有些是車票、八達通兩用。用車票者該把車票正面朝上，依箭頭插入閘機前面的入票孔，驗票後車票會從機頂走出，取回車票後進閘；刷八達通的可以把卡貼近閘機上感應器的橘色方格上（香港人口語稱「拍卡」），聽到機器發出「嘟」聲後進閘。

Step 3 依指示到正確月台

按站內指示走到你要搭乘列車的月台，指標上有路線兩端終點站名，方便你確認有沒有搭錯方向。當你乘扶手電梯時注意要站立在右邊，因為香港人習慣把左邊讓路給趕時間的人通過。

Step 4 排隊候車

到月台排隊等車，排隊時請站在指定的區塊內。如果忘記了要坐哪線哪方向的車，可查看月台上的路線圖。附近也有電子看板說明下一班車的終點站和到站時間。

Steps ▶ 搭乘港鐵步驟

1. 確認目的地 → 2. 刷票卡進閘 → 3. 依指示到正確月台 → 4. 確認搭乘路線 →

每條線都有自己的顏色，認對顏色就可以找到對的港鐵

月台編號

東涌/迪士尼綫
Tung Chung / Disneyland Resort Line 3

4 香港 Hong Kong

列車行進方向終點站

線路顏色請見P.02的港鐵路線圖

← 2 往中環 to Central

荃灣綫 Tsuen Wan Line
機場快綫 Airport Express
東涌綫 Tung Chung Line
香港站 Hong Kong Sta

中環 Central
港島綫往上環 Island Line to Sheung Wan

金鐘 Admiralty
港島綫往柴灣 Island Line to Chai Wan

尖沙咀 Tsim Sha Tsui
東鐵綫 East Rail Line
尖東 East Tsim Sha Tsui

佐敦

→ 5. 月台候車 → 6. 留意站名廣播 → 7. 刷票卡出閘 → 8. 找出口出站

出 EXIT

A 九龍公園 Kowloon Park
堪富利士道 Humphreys Avenue
海防道 Haiphong Road

B 金馬倫道 Cameron Road
加連威老道 Granville Road
香港歷史博物館

請小心月台空隙

Step 5 留意站名廣播以下車

列車到站時請先讓車內乘客下車，然後才上車。乘車時可以在車門上方的閃動燈號路線圖查看列車位置，到轉車站時燈號路線圖也會閃動兩線以作提示，加上車內的跑馬燈跟國、粵語廣播，所以你不會錯過下車和換車的時機。

Step 6 刷票卡出閘

到站下車，走到出閘機用車票或刷八達通出閘。用單程票者出閘時車票會被回收，刷八達通的出閘時機器有顯示儲值餘額。

Step 7 找出口出站

查看站內的街道圖和指標，找合適的出口繼續上路。

⁉️ 全新智能單程車票上路囉！

全新智能單程車票已取代沿用30多年的磁帶式車票，持票乘客進閘時只需如八達通卡般在進閘機的感應器上「拍卡」，完成旅程後必須使用藍色出閘機將車票插入，出閘時車票會被回收。

自動售票機解析與購票步驟

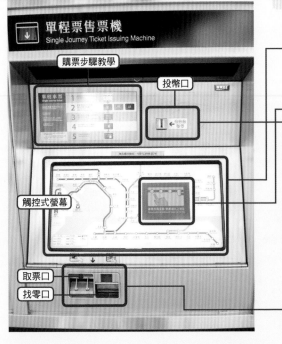

Step 1 點螢幕選擇目的站

首先從觸控式路線圖點你要去的目的站(自動售票機有中文解說)。

Step 2 選擇票種和數量

觸控式螢幕會顯示目的站的成人票和特惠票的車資，點選合適的車票跟數量(特惠票只供65歲或以上的長者跟3～11歲的小孩使用)。

Step 3 投錢

投入硬幣或紙鈔。

Step 4 取票與找零

從下方取出車票跟找零。

巴士、小巴

巴士：雙層設計看景佳

巴士是覆蓋範圍最多最廣的大眾交通工具，市內行駛的巴士按不同路線收費，一般收費約港幣4～10元，投幣跟刷八達通同價。因爲香港的巴士約九成半都是雙層巴士，坐在巴士上層可看沿途市容風景，所以自助旅客也愛採用這種便宜方便的觀光方式。

開頂巴士

珀麗灣客運

珀麗灣客運提供往來青衣跟馬灣的巴士服務。

愉景灣巴士

愉景灣巴士提供往來東涌、欣澳跟愉景灣的巴士服務。

九巴

九巴集中經營九龍、新界地區的巴士服務及過海路線，它擁有4千多輛巴士，96%是雙層巴士，平均每日載客約280萬人次，是東南亞規模最大的陸路客運公司之一。

龍巴

九巴屬下的龍運巴士提供來往新界跟機場／北大嶼山的巴士服務。大部分九巴和龍運巴士車上都安裝了跑馬燈跟國、粵語廣播播報下一站名字，便利觀光客使用。

新巴 城巴

新巴、城巴是由同一集團經營，它們主要經營香港島線、過海路線、市區來往機場／北大嶼山的巴士服務，與旅遊點和觀光區的接送。

嶼巴

集中在大嶼山島上經營巴士服務，例如從東涌站到昂坪大佛／寶蓮禪寺的巴士。

搭乘巴士步驟

一般巴士的服務時間大約從 06:00～00:00，通常每隔10～15分鐘發車；個別路線有通宵行駛。

Step 1 看站牌確認行駛站名

巴士站站牌有列該站名、路線跟每個停靠站名。

Step 2 上車

每台巴士前面都會註明路線編號跟目的站，巴士到站時要從前門上車。

Step 3 付車資

前門司機位旁邊有車費牌、投幣箱、八達通感應器，投幣坐車的乘客要投入足夠車資(見右頁教學)，不找零；用八達通付款的只要把卡貼近感應器上的橘色方格，聽到機器發出「嘟」一聲後就可入座。

Step 4 按鈴下車

部分巴士上有跑馬燈跟國、粵語廣播會說明下一站名稱，你須按鈴通知司機下車，按鈴後在車前方跟中門上方的紅燈會亮起來。在中門下車，下車時不用投幣或刷卡。

要下車按這裡

Steps 搭乘巴士步驟

1. 站牌候車 → 2. 上車 → 3. 付車資 → 4. 按鈴下車

八達通卡感應機　　投幣箱

交通篇

教你看懂巴士的分段收費

在巴士公司的網站你可查到巴士的路線、站牌位置和附近主要大樓名稱、站牌照片、服務時間和班次、車費等等資訊，方便你規劃動線。不過，台灣旅客很多看不懂網站寫的車費資訊，因為香港的分段收費操作跟台灣公車的不同。

狀況 1　上車刷一次，下車不再刷

香港的分段收費絕大部分是不論你要坐多遠，一律依照你上車那一刻在哪個站而收取該站車費，投幣和刷卡的收費都一樣，如果是刷卡，只要上車刷一次，下車不用再刷。以下以城巴機場巴士A21路從機場開往九龍紅磡站的車程作解說：

停站	站名	車費(港幣)
第1站	機場巴士總站	33
第2站	青嶼幹線繳費廣場	26
第5站	旺角維景酒店	8

＊以上資料時有異動，依最新公告為準。

如果只從第1站搭到第2站下車，必須付第1站上車的固定車費33元而非33－26＝7元；如果要在第2站搭到第5站下車，車費是26元而不是26－8＝18元，司機會在到達第2站前先調整車費牌跟八達通感應器，乘客上車才能付較便宜車費。

狀況 2　上車刷一次八達通卡，下車再刷一次

個別極少數的分段收費方式是上車先刷一次八達通卡扣全費，在中途下車時只要再刷卡一次，它會把部分車費退給你。要注意的是，這種分段收費只限使用八達通付費的乘客。若你是投錢的話，上車時須付全費，於中途下車時不會享有退回部分車費之優惠。

巴士公司資訊

九龍巴士、龍運巴士
電話：+852-2745-4466 (九巴)
　　　+852-2261-2791 (龍巴)
網址：www.kmb.com.hk

iPhone app　Android app

新世界第一巴士、城巴
電話：+852-2873-0818 (城巴)
　　　+852-2136-8888 (新巴)
網址：www.nwstbus.com.hk
iPhone app　Android app

新大嶼山巴士
電話：+852-2984-9848
網址：www.newlantaobus.com

愉景灣巴士
電話：+852-2238-1188
網址：www.visitdiscoverybay.com

珀麗灣客運
電話：+852-2946-8888、+852-2946-8899
網址：www.pitcl.com.hk

＊以上資料時有異動，出發前請再次確認。

小巴：上下車超隨性

香港的小巴分為兩大類型：「綠色專線小巴」跟「紅色小巴」，每輛最多坐16人。因為搭小巴沒有跑馬燈或廣播提示，旅客未必懂得何時叫停下車，所以建議自助遊新手採用其他交通工具為主。

綠色與紅色小巴比較表

比較	綠色專線小巴	紅色小巴
行走路線、班次	每條線有固定	沒固定，可按時機改變
站牌	固定起迄站、中途站，但也可中途攔車下車	只有固定起迄站，可中途攔車下車
下車	部分是按鈴下車，但多數要直接跟司機說哪裡下車	直接跟司機說哪裡下車
車費	每條線有固定收費，通常比巴士貴	沒固定，可按時機改變，通常比巴士貴
收費方式	上車投幣或刷八達通，不找零	下車時交給司機，可找零

製表：古弘基

電車：叮叮噹噹平價又愜意

電車上層，看風景較優

目的地看這裡

有上蓋的電車站

電車軌道

行人路旁電車站牌

香港的電車不是電氣化火車的意思，而是一種自1904年起在香港島北岸的路面上行駛的軌道電車，在地人俗稱電車為「叮叮」，因為它的鈴聲就是叮叮聲。電車不論車程長短一律收費成人港幣2.3元、小孩或長者港幣1.2元，可以悠閒地欣賞沿途的市容街景，是一個價廉物美且風味十足的觀光方式。

搭乘電車步驟

電車從06:00～00:00行駛，通常隔幾分鐘就有一班車。現時全港共有123個電車站，大部分都是設置在車路中央、有上蓋的月台，月台會有標誌說明行車方向。

不過亦有極少數車站只是在行人路旁豎立一支寫著「電車站」站牌，在這裡候車你千萬別衝出馬路攔電車，很危險！其實電車一定會到站牌前停下來，而且香港法令規定當電車停靠站牌上下客時，其他汽車必須停在它後面，所以不要著急。

Step 1 確認站台以候車

電車站有列明是往哪方向的車站，要認清站台才等車。

Step 2 從後門上車

每台電車前面都會註明目的站，電車到站時從後門上車，上車時不用投幣或刷卡。

Step 3 留意下車時間

車上沒有跑馬燈或廣播提示，要自己留意下車時間，或者請教乘客和司機。但從2011年2月起新式電車將陸續投入服務，新電車加設了廣播系統，到站前會以廣東話、英語及國語報出站名，提示乘客下車。

Step 4 前面付車資，下車

在前門司機位旁邊下車，下車時投幣或刷卡。前門有投幣箱、八達通感應器，投幣的乘客要投入足夠車資，不找零；刷八達通的只要把卡貼近感應器的橘色方格，聽到機器發出「嘟」聲後就可下車。

Steps ▶ 搭乘電車步驟

1. 確認站台候車 ➡ 2. 從後門上車 ➡ 3. 留意下車時間 ➡ 4. 前門付車資下車

行車路線

　　香港電車公司現在有160多台雙層電車，是世界上唯一全部採用雙層電車的車隊，軌道總長16公里，共有6條路線：1.筲箕灣一上環街市(或稱西港城)；2.筲箕灣一跑馬地；3.北角一屈地街(或稱石塘咀)；4.跑馬地一堅尼地城；5.銅鑼灣一堅尼地城；6.上環街市一堅尼地城

　　電車車頭會寫上面說的目的站，另外還有一種寫上「回廠」的電車，你一樣可以搭乘，電車廠是在屈地街站旁邊。

⁉️ 如何在月台查車務資訊

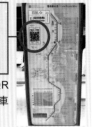

Step 1：
找尋設置於月台上的電車路線圖。

Step 2：
使用QR app掃描路線圖上的QR code，即可知道該站下三班電車到達時間及目的地。

香港電車資訊
電話：+852-2548-7102 / 網址：www.hktramways.com

山頂纜車：體驗爬坡的刺激感

　　山頂纜車是自1888年起在中環花園道和太平山山頂之間行駛的軌道纜車，2008年還舉行了120週年的慶祝活動！纜車會攀登373米高，最陡坡度甚至到60度，全線長1.4公里，車程約10分鐘。

纜車票價表

車費	成人(港幣)	小孩／長者(港幣)
單程票	28	11
來回票	40	18

＊以上資料時有異動，依最新公告為準。

搭山頂纜車小提醒

順遊好康
香港中國旅行社有賣「山頂纜車、山頂凌霄閣摩天台、杜莎夫人蠟像館」優惠套票，可在香港機場接機大廳的專櫃購買，詳情看中旅社網站：www.ctshk.com。

坐對位置看好景
從中環上山的纜車，推薦坐靠近上車門的那邊；從山頂下山的纜車，推薦坐上車門的另外一邊車廂，方便沿途可以較容易觀賞維多利亞港兩岸景色。

山頂纜車
網址：www.thepeak.com.hk
電話：+852-2522-0922

搭乘山頂纜車步驟

Step 1　購買票卡進閘

　　到纜車站入口，有八達通卡者可以直接排隊進閘，沒有八達通卡的人先到售票處排隊買票，之後再到閘口過閘。

Step 2　等候纜車

　　在站台等候纜車，建議盡量往前走，人潮較少。

Step 3　從右邊上車

　　從右邊上車，建議找個位置坐下來，比較安全。如沒有座位，最好找一個可以靠背的位置，抓緊把手，因為纜車中段坡度很大，容易跌倒。

Step 4　從左邊下車

　　到終站從左邊下車，不用再刷卡或驗票。

渡輪：離島旅遊必備工具

香港三面環海，除了市中心香港島跟九龍半島之間相隔一個維多利亞港，香港周邊有很多大大小小、有人居住的外島，所以渡輪也是重要的大眾交通工具。

如何搭渡輪

跟搭山頂纜車差不多，香港的渡輪可以刷八達通卡入閘，如沒有八達通卡，要先到入閘機附近的售票處或自動售票機購票。

香港部分渡輪服務

愉景灣航運

愉景灣航運提供每日24小時高速渡輪服務，往返中環(3號碼頭)及愉景灣。

航程時間約為25～30分鐘，早上及黃昏尖峰時間每15分鐘一班渡輪，而離峰時間每30分鐘一班，深夜則為每60～90分鐘一班，收費為港幣40元。

電話：+852-2238-1188
網址：www.visitdiscoverybay.com

珀麗灣客運

珀麗灣客運提供高速渡輪服務，往返中環(2號碼頭)及珀麗灣(馬灣)。

航程時間約為25～30分鐘，早上及黃昏尖峰時間每15～30分鐘一班渡輪，而離峰時間每小時一班，深夜則停止服務，收費為港幣24.6元。

電話：+852-2946-8888、+852-2946-8889
網址：www.pitcl.com.hk

天星小輪

於1898年成立，經營2條維多利亞港港內的渡輪航線：

- 中環(7號碼頭)－尖沙咀
- 灣仔－尖沙咀

班次約10～15分鐘一班，航程約10～20分鐘，船票約港幣2.5～3.4元。另外，天星小輪有經營港內的觀光遊覽船服務，收費約港幣85～180元。

電話：+852-2367-7065
網址：www.starferry.com.hk

新世界第一渡輪(新渡輪)

新渡輪經營2條維多利亞港港內航線：

- 北角－紅磡
- 北角－九龍城

每隔30分鐘一班，航程約10～20分鐘，船票港幣6.5元。另外還有2條來往外島的航線：

- 中環(5號碼頭)－長洲
- 中環(6號碼頭)－大嶼山梅窩

航線會以普通速三層大船和快速雙層船行走，大約相隔45分鐘一班，收費約港幣13.2～42.9元。

電話：+852-2131-8181
網址：www.nwff.com.hk

港九小輪

港九小輪提供3條來往外島航線服務：

- 中環(4號碼頭)－南丫島榕樹灣
- 中環(4號碼頭)－南丫島索罟灣
- 中環(6號碼頭)－坪洲

航線會以普通速船或快速船行走，大約相隔30～90分鐘一班，收費約港幣15.3～41.8元。

電話：+852-2815-6063
網址：www.hkkf.com.hk

的士

搭乘的士的詳細說明可以參考「機場篇P.50」，不過也需要注意起迄點和途經路線的交通管制。在市內攔的士時，司機有時會「視而不見」不停車；有時你說要到哪個地點，司機會故意繞遠路，甚至叫你提早下車走過去。請不要誤會司機在拒載或惡搞，這可能跟法令有關。

香港地少車多，市內交通繁忙，所以有些車道被定為全日或部分時間禁止停車上下客，路邊還會劃有兩條或一條黃線，俗稱「雙黃線」和「單黃線」。另外，也有些道路只許巴士經過，其他汽車禁止使用，所以的士都必須繞道而行。

過馬路小提醒

香港交通左上右下

香港交通靠左行駛，跟台灣相反，所以過馬路時要小心注意來車方向。過馬路要先看右，再看左，再看一次右；遇有單向路，馬路上可能漆有「望左」或「望右」，提醒行人注意來車方向。

八達通卡

香港的八達通卡是類似icash悠遊卡，同樣是「一觸即過」的電子收費系統，客人把卡貼近感應器上含八達通標誌的橘色方格(香港人口語稱「拍卡」)，機器發出「嘟」一聲便表示付款成功。

原意在為乘客帶來一種簡單的付款方式，省掉準備零錢的麻煩，初期只在大眾運輸使用。後來不斷發展，成為一種「通用電子貨幣兼電子證照」，不單可於香港絕大部分大眾運輸跟超過1,000家店家使用，更可作為學校、大樓門禁的通行證。

八達通已成為香港人生活的一部分，95%香港人擁有八達通卡，每天總交易量超過1,000萬次，總金額超越港幣8,500萬元(台幣約3.4億元)。

接受八達通付款的自動販賣機　　7-11便利商店內的八達通感應器　　在酒樓和速食店刷八達通付款

八達通付款應用範圍

製表：古弘基

鐵路	香港鐵路(含地鐵、機場快線、九廣鐵路、輕便鐵路)、山頂纜車、電車
渡輪	天星小輪、新渡輪、港九小輪等
巴士、小巴	九巴、龍運巴士、城巴、新巴、新大嶼山巴士、綠色小巴等
跨境大巴	永東直通巴士、中港直通巴士、跨境快線巴士、口岸接駁巴士等
商店	超市、便利商店、快餐店(速食店)、餅店(烘焙店)、藥妝店、百貨公司、服飾店、自動販賣機、公眾收費電話、停車場、戲院、海洋公園等
澳門商戶	肯德基
深圳商戶	大家樂、大快活速食店

八達通購買、查帳、加值

銷售版八達通卡

即使在港時間不多的旅客，也建議買張八達通，方便在港到處遊玩和消費，通行無阻。八達通分為租用版跟銷售版，當中再有幾個細分，各種八達通的功能有所不同。

八達通種類與功能說明

分類	名稱	價錢(港幣)	內含押金(港幣)	內含儲值金(港幣)	功能	退卡
租用版	成人八達通	150	50	100	儲值卡型式，刷卡扣取儲值金付款和乘車，可以重複加值使用，是在地人最常用的八達通。	可以退卡取回押金跟儲值金餘額，但開卡後90日內退卡須付港幣9元手續費。
	小童八達通	70	50	20	3～11歲的小孩使用，功能同成人八達通。	
	長者八達通	70	50	20	65歲或以上的長者使用，功能同成人八達通。	
銷售版	迷你八達通卡通玩偶八達通珍藏版八達通	68～148	0	0	儲值卡型式，含特殊設計或紀念價值的八達通，加值後可以當成人八達通使用，也可拿回家當伴手禮。	不可退卡。
機場快線旅遊票(舊稱遊客八達通)	一程機場快線旅遊票	220	50	0	功能卡型式： ＊可搭乘機場快線任何車程1次。 ＊連續3天內可無限次乘搭港鐵(若同時額外加值，也可當成人八達通使用，用來搭乘其他交通和在店家消費)。 ＊3天後若繼續加值，也可當一般成人八達通繼續使用。	可以退卡取回押金跟儲值金餘額(如有加值)，不用付手續費。
	兩程機場快線旅遊票	300	50	0	可搭乘機場快線任何車程2次。其他功能跟一程機場快線旅遊票相同。	

＊以上資料時有異動，依最新公告為準。　　　　　　　　　　　　　　　製表：古弘基

哪裡購買

　　八達通(含租用版、銷售版)或機場快線旅遊票都可以在機場快線站跟港鐵站的客服櫃檯買得到，部分銷售版八達通產品也會在7-11便利商店發售。

怎麼加值

　　八達通和旅遊票加值，每次必須是港幣50元或其倍數，可以到快線站跟港鐵站內的加值機自助辦理，但最方便、最簡單快捷的方法還是到客服櫃檯或全香港任何7-11、OK便利商店請服務員代勞。

如何查帳

　　每次刷卡搭車和消費時，在閘機或感應器上的顯示器都會報出該次付款額跟卡內儲值金餘額。其他時間想查帳，可以到快線站跟港鐵站內自動售票機附近的免費查帳機器拍卡查帳，可以看到餘額和過去10次的交易紀錄。

儲值金有效期

　　卡內儲值金有效期是開卡或最後加值日起計1,000天，如你在期內沒有爲卡片加值，該卡將被停用，你要請客服櫃檯重新啓動卡片。

⁉️ 租用版八達通的聰明退卡撇步！

　　由於租用版八達通開卡90日內退卡要付港幣9元手續費，網路上有人分享一個「比退卡更划算」的方法：

　　找一家可以使用八達通的店家消費，只要卡內還是正數(只有1元也可以)，直接拿卡結帳而且「最後餘額＋押金」的金額介於0～8元，就比退卡更划算。比方說卡片現有餘額1元，你要買的東西是48元，刷卡付錢後你的「最後餘額＋押金」=1-48+50=3元，低於退卡費的9元，所以不用去辦退卡了。

　　當網友第一次跟我提出這方案時，我只有無言……沒錯，這樣子在會計上是可行的，但使用者必須精確計算和嚴格控制旅遊期間的八達通開支，以最終達至「最後餘額＋押金」只有0～8元。

　　其實，只要你開卡90日後才退卡就不用付9元手續費，所以如果你或你的親戚朋友將來還要到香港旅遊、洽公，你可以保留這卡以後再用，不要急於馬上退卡賠手續費囉！

交通篇

如何選擇適合的八達通卡跟車票搭配

坊間大部分旅遊書、甚至旅行社人員都不由分說地推薦旅客使用機場快線旅遊票，因為旅遊票有提供機場快線車程跟3天無限次乘搭港鐵，乍看對自助旅客很有利。可惜實際情況是聽從者多數當了冤大頭，在這兒幫你簡單算一算，你就會明白。

從表一計算知道以旅遊票搭港鐵，每天最少花港幣24～30元才會划算，那到底等於要搭多少趟車呢？請看表二說明。

表二說明，每天最少要坐2～3趟長途，或3～4趟中途，或5～8趟短途的港鐵車程，而且3天都如此，你的旅遊票就會用得划算。

所以說，如果你不會坐機場快線，而且3天都以行軍方式不停地搭港鐵，你適合買機場快線旅遊票，因為可以徹底和有效地利用它的好處。採用悠閒方式的一般觀光客，每天只得坐幾趟中短途港鐵，而且喜歡體驗其他大眾運輸工具如雙層巴士、雙層電車、天星小輪、山頂纜車等，沒有充分利用旅遊票功能，你只要跟在地人一樣，使用能讓你四通八達的成人八達通以應付合理交通需求便好了。

依旅行天數，購買不同的交通票券組合

悠閒觀光客：成人八達通＋機場快線來回票或團體套票

行軍式旅客：機場快線旅遊票(及預存儲值金)

租用版八達通卡
網址：www.octopuscards.com/consumer/products/cardtype/tc/loan.jsp

機場快線旅遊票
網址：www.mtr.com.hk/ch/customer/tickets/travel_pass_ael.html

表一：機場快線旅遊票提供的3天無限次乘搭港鐵的實際收費

2程機場快線旅遊票	旅遊票價錢(港幣)	機場快線來回車票價錢(港幣)	3天無限次乘搭港鐵的費用(＝快線旅遊票價值－來回車票價值－押金)(港幣)	平均每天港鐵車費(港幣)
機場－香港站	300	180	70	23.33
機場－九龍站	300	160	90	30
1程機場快線旅遊票	旅遊票價錢(港幣)	機場快線單程車票價錢價(港幣)	3天無限次乘搭港鐵的費用(＝快線旅遊票價值－來回車票價值－押金)(港幣)	平均每天港鐵車費(港幣)
機場－香港站	220	100	70	23.33
機場－九龍站	220	90	80	26.67

＊以上資料時有異動，依最新公告為準。　　　　　　　　　　製表：古弘基

表二：港鐵車程車資分類 (從2014年12月1日起生效)

	車程舉例	成人八達通車費參考(港幣)
短途	◉港島線內任何車程 ◉荃灣線或觀塘線內乘幾個站的車程 例如：金鐘←→銅鑼灣 = $4.2；尖沙咀←→旺角 = $5.0；尖沙咀←→黃大仙 = $7.7	4.2～7.7
中途／跨海	◉由港島線乘車到荃灣線／觀塘線 ◉在荃灣線／觀塘線上乘長途車程 例如：中環←→尖沙咀 = $9；銅鑼灣←→旺角 = $11.1；炮台山←→黃大仙 = $13.2	9.0～13.2
長程／市區到大嶼山	◉從市區到東涌或迪士尼 例如：旺角←→東涌 = $15.8；尖沙咀←→迪士尼 = $19；中環←→東涌 = $21；銅鑼灣←→迪士尼 = $24.2	15.8～24.2

＊以上資料時有異動，依最新公告為準。　　　　　　　　　　製表：古弘基

開始在香港
自助旅行

吃喝玩樂篇
Sightseeing、Shopping、Eating

香港，哪裡好玩、好買、好吃

香港面積雖小，玩法卻很多，不論是自然景觀、大啖美食、節慶活動、購物血拼，或是讓人尖叫的遊樂設施，多樣的樂趣在香港通通都能體驗得到。怎麼收集資料、參加當地行程、有哪些必看景點、購物商圈，有哪些港味十足的美食伴手禮與紀念品，旅遊香港好幫手就在本單元裡。

香港正宗美食哪裡找

　　雖然大家都是用繁體中文字，但香港人對「餐廳」一詞的理解和使用跟台灣人可有大不同！在香港，如果沒有特別的註明，「餐廳」的意思是西式料理或異國點餐的地方，在地人通常不會把吃中式料理的地方稱為餐廳，而是說成「酒樓」、「酒家」、「茶樓」、「菜館」之類。在地人也會依據各種美食、用餐地點的不同類型跟大小，給那一類餐廳一個專用的名稱。

　　香港用餐的價位普遍比台灣高，大概比台北市價高2、3成。不過，只要你懂得挑選合適時間跟店家，一定能找到很多會給你驚喜、物超所值的美食餐廳。

米其林精選餐廳：銅鑼灣蛇王二燒臘飯店。
菊花會五蛇羹(上)、叉燒燜蹄雙拼燒味飯(中)、菜膽豬肺燉湯(下)

酒樓、酒家、茶樓

● **餐飲**：複合式粵菜餐廳，可以吃到港式飲茶點心、合菜、火鍋、海鮮、燒臘、老火湯、煲仔飯、炒粉麵飯。

● **價位**：在香港飲茶十分便宜，而且不用刻意找高檔餐廳，在大眾化的酒樓已可吃到超好吃的點心。在優惠時間預算每人港幣40～50元(台幣150～190元)已吃到肚撐！而點菜吃晚飯約每人港幣100～200元。

飲茶收費表

精緻「鳥籠點心」

香港名稱	台灣名稱 / 註釋
小點 	港式飲茶菜單上每道菜名旁邊通常有寫著「小」、「中」、「大」之類的字，是每道點心的價錢級別，在菜單或餐牌上會有地方說明各級點心的價位。旅客經常誤會「小點」是說小吃、小點心、茶點、前菜之類食品，但實情是跟點心份量大小沒關係。
羅白糕	蘿蔔糕的意思，粵音「蔔」跟「白」相同。
山竹牛肉球	「山竹」是指豆皮／豆包。
叉燒餐飽	大家知道叉燒包是包著叉燒餡料的中式蒸包，「叉燒餐包」是包著叉燒餡料的西式烘焙麵包，是中西合壁的道地港式食品。順便一說，香港人常把「包」筆誤成「飽」。
原隻鮮蝦腸	是包一整隻蝦的腸粉。
白灼時菜	是水燙青菜的意思。
甜醋豬腳薑	豬腳薑(或稱「薑醋」、「豬腳蛋薑醋」)是香港新媽媽產後補身、坐月子的常見食品，主要材料是豬腳、薑、雞蛋，以甜醋煮成，這道菜多數是女士才會點。
魚腐魚湯米線	「米線」是粗但軟的米粉。
揚州炒飯	各家餐廳可有不同的材料，但通常都有叉燒、蝦仁、青豆、雞蛋等。吃港式炒飯時要評價是否好吃，除了看「鑊氣」，還要看是否做到「金包銀」效果——每顆米飯都被薄薄的雞蛋包裹著。

飯店、菜館、小館、小廚

●**餐飲**：供應富有廣東和港式道地風味的合菜、熱炒、快炒、火鍋、海鮮、燒臘、老火湯、煲仔飯、炒粉麵飯、盤飯之類的專門店。

●**價位**：在這裡用餐，每人約港幣100～200元。

粵菜館子用餐

香港名稱	台灣名稱／註釋
前菜、小菜	香港說「前菜」是台灣的小菜，「小菜」則是指合菜、熱炒、快炒。
什菜	砂鍋上湯什錦蔬菜。
西蘭花炒蝦球	「西蘭花」是青花菜。
椒絲腐乳通菜	「通菜」是空心菜。
菠蘿咕嚕肉	「菠蘿」就是鳳梨，「咕嚕肉」是以山楂汁、番茄汁調製的酸甜汁來炒肉排，這是一道受港人歡迎的名菜。
栗米班塊	「栗米」是玉米，「班塊」是炸石斑魚塊，這也是一道受歡迎的菜式。

品嘗美食小提醒

注意當地人的飲食習慣，並配合適當的時間

台灣旅客最常錯過的是飲茶和吃點心的供應時間。因為香港人不會把飲茶當晚餐來吃，所以一般香港的酒樓也只從早上店家開門至下午5點有飲茶和點心，晚餐跟宵夜時間只有點菜或火鍋，沒有賣點心。另外，香港民眾習慣吃點心時只喝中國茶或開水，如果你點果汁、汽水或其他飲料，別人一眼就看出你是觀光客。這兩點跟台灣的飲茶餐廳用餐很不同。

海鮮飯店、餐廳

●**餐飲**：香港人很愛吃海鮮，有調查發現香港平均每人每年吃掉約60公斤海鮮，是全球最大的消費者之一，所以你隨便在香港各處也可以找到便宜好吃的海鮮飯店。

●**價位**：每人預算約港幣300～500元。

蒜泥蒸龍蝦　　　　　蒸鮑魚

海產	常見菜色
魚	清蒸東星斑魚
蝦	豉油王煎中蝦、芝士焗龍蝦、白灼基圍蝦
龍蝦	上湯龍蝦、芝士焗龍蝦
螃蟹	薑蔥炒肉蟹、蒸大閘蟹、籠仔糯米蒸水蟹
鮑魚	清蒸鮑魚仔
蠔(牡蠣)	酥炸生蠔、薑蔥焗生蠔
蜆(蛤蜊)	豉椒炒蜆

茶餐廳

- **餐飲**：絕對是本土風味的平民餐廳，供應中西合璧的輕食、簡餐和飲料，為民眾提供快速、便宜而且多樣化餐點。

- **價位**：茶餐廳吃早餐跟下午茶，每人約港幣25～35元，中午吃簡餐、套餐約40～60元，晚餐點合菜套餐約60～80元。

尖沙咀蘭芳園的套餐

香港名稱	台灣名稱／註釋
早餐、茶餐特餐、常餐	茶餐廳一大特色之處，就是提供很多簡餐優惠套餐，含一份蛋類(煎蛋、炒蛋或蛋捲)跟麵包、一盤湯麵(泡麵或通心麵之類)、配上一杯飲料。
午餐、快餐晚餐	通常是老火湯(類似燉湯)、盤飯或合菜、飲料的正餐優惠組合。
雞翼／雞髀	雞翅／雞腿
雞扒／豬扒	雞排／豬排
多士、三文治	吐司／烤麵包、三明治
麥皮	燕麥片
西多士	「西多士」原名「法蘭西多士」，是以前從法式料理中演變進入茶餐廳。兩片方麵包夾花生醬，沾上蛋汁去煎或炸，吃時拌牛油、糖漿或煉奶。
通粉／意粉	通心麵／義大利麵

香港名稱	台灣名稱／註釋
西炒飯	以培根、香腸、火腿、什菜豆、雞蛋等作配料，番茄汁調味的炒飯，這是一道以西方材料製作的中西融合的港式炒飯。
干炒牛河濕炒牛河	干是「乾」的意思，干炒牛河是用一種顏色比較深、味道比較濃郁或比較甜的醬油炒牛肉河粉，炒出來的河粉比較乾爽；濕炒牛河是把青菜汁牛肉片用醬汁煮好，然後蓋在已炒好的河粉上。
西冷紅茶	是港式奶茶的代名詞。
絲襪奶茶	絲襪奶茶不是用真的絲襪來泡茶喔！茶餐廳泡紅茶時把茶葉放入白色棉布袋內沖泡，因為紅茶把布袋染成棕色，布袋也因長時沖泡而拉長了，變得像絲襪一樣，所以大家戲稱「絲襪奶茶」。
咖啡	在茶餐廳喝的港式咖啡。
檸檬茶	檸檬紅茶，用「絲襪」泡的紅茶加入3～4片檸檬，喝的時候客人自行用茶匙刺破檸檬片讓檸檬汁跟紅茶混合。
凍飲	冰飲料，例如凍咖啡、凍檸茶等等。
鴛鴦	咖啡加奶茶。
檸樂／檸七	檸檬片放進可樂／檸檬片放進七喜(7-up，像雪碧的汽水)。
公仔麵	是著名香港本土泡麵品牌，因為港人太愛吃泡麵，公仔麵已變成泡麵的代名詞。

旺角豪園茶餐廳的煲仔飯

吃喝玩樂篇

趣味用語：烏龍麵＝烏冬；泡麵＝即食麵；煎蛋捲＝奄列（來自英文 Omelet）

粥麵店

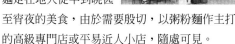

● **餐飲**：廣式的粥和粉麵是在地人從早到晚甚至宵夜的美食，由於需要股切，以粥粉麵作主打的高級專門店或平易近人小店，隨處可見。

● **價位**：街上找雲吞麵，便宜小店約港幣25元一碗，高級專門店得花35～45元左右；吃廣東生滾粥預算30～50元一碗。

香港名稱	台灣名稱／註釋
白粥	廣東人煮粥熬煮很久，使粥變得稠密綿滑，完全沒有一粒米飯的感覺。
生滾粥	當有客人下單時店家把不同材料放入白粥再煮沸一會，使材料煮熟、白粥變得更多口味，這是生滾粥。常點的粥品有「艇仔粥」（含碎牛肉、花生、魷魚等）、「及第粥」（什錦豬內臟）、「皮蛋瘦肉粥」、「雞粥」以及「魚片粥」等等。
油炸鬼	油條
炸兩	腸粉包一支油條
湯麵、米、粉、河	廣式麵店在餐牌上寫的麵是鴨蛋跟麵粉製成的全蛋麵，有做成粗麵或細麵（有時店家會把「麵」筆誤成「麵」甚至「丐」）。米是指米粉，粉或河都是說像板條的河粉。
雲吞麵	是餛飩，因為餛飩的粵音「混沌」不吉利，所以改稱雲吞。廣式雲吞的特點是皮很薄，幾乎可透視餡料模樣，餡料通常包有蝦仁和豬肉。
豬腸粉	不要誤會跟豬腸有關，它是沒有餡料的「白腸粉」，它令人著迷之處除了是吃到爽滑的腸粉，還有吃時沾滿自己調配的甜醬油、甜醬、麻醬（花生加芝麻醬）、辣醬、白芝麻等醬料的滋味感覺！
魚蛋米	魚蛋即是魚丸，廣東粉麵中不單有魚丸，還有牛肉丸、牛根丸（取牛的腳根打成肉丸）、豬肉丸、墨魚丸、貢丸等。
牛河	牛腩即是牛腹部的肉，以很多不同材料燜煮而成。

小食店、路邊攤

街頭小吃店

● **餐飲**：港式街頭小吃的種類非常廣泛，含煎、炒、煮、炸、蒸、滷、燒烤、烘焙等等類型，不吃可惜喔！

● **價位**：煎釀三寶、咖哩魚蛋、燒賣等街頭小吃，一般每串約港幣8元，魷魚腳跟雞蛋仔一份約20～30元，牛雜一份約25元，豬腸粉一份（4條腸粉）約8～10元，缽仔糕一個約6～8元。

香港名稱	台灣名稱／註釋
咖哩魚蛋 	「魚蛋」（魚丸）是香港最受歡迎及最有代表性的道地街頭小吃，曾有調查發現港人每天吃掉55噸約375萬顆魚蛋，數量驚人！賣魚蛋的店家通常有供應用普通湯煮成、沒有辣味的魚蛋，也有辣味的咖哩魚蛋。
牛雜	一塊牛內臟以濃湯浸泡而成的小吃。
煎釀三寶	是一堆含鯪魚肉泥的油炸小吃的統稱，不是只有3種選擇囉。店家把鯪魚肉泥釀在切片的紅腸、茄子、青椒、辣椒、豆腐、豆包等等食物上，之後放入油鍋煎熟或炸熟。
臭豆腐	香港的臭豆腐是用油炸，在街口已可嗅到遠遠在賣臭豆腐！吃的時候多沾上辣醬跟甜醬一起吃。
魷魚鬚（炸／烤）	魷魚腳在香港稱為「魷魚鬚」，是比較簡單直接的小吃，炸的像甜不辣，烤的是串燒。
雞蛋仔 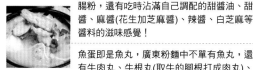	是最受歡迎的街頭小吃之一，它是以雞蛋、糖、麵粉及淡奶做成的麵漿，倒進兩塊特製蜂巢狀鐵製模版的中間，再放在爐火上烤製而成。

燒臘店

- **餐飲**：燒臘是繼粵式飲茶之後，世界有名的廣東美食代表，以香港人做燒味食品風評最優。

- **價位**：燒臘飯約港幣25～35元一盤，點烤鵝或烤乳豬的價位會較高。

乳豬三寶燒味飯(乳豬、叉燒、燒肉)

⁉️ 餐廳的洗筷茶！

曾經有讀者分享在香港用餐的經驗：

「每次到了餐廳，服務人員第一件事就是拿杯熱茶給你，據說這個是用來洗筷子的！？小弟問題多了……為什麼不用熱水要用茶來洗？為什麼要客人自己洗？有時候會看到有人當場喝這個茶……請問香港人會喝嗎？」

那杯茶我會用來洗筷子，也會用來喝(當然是喝另一杯乾淨的茶)！

為什麼不用熱水要用茶來洗！？茶餐廳通常是奉茶不是奉白開水，所以順理成章大家是用茶來洗。如果茶餐廳有奉白開水，或者你到酒家飲茶，你會看到香港人通常會點一壺茶一壺白開水，那時就是用白開水來洗。

為什麼要客人自己洗！？其實餐具都是乾淨的，不過大家都習慣要再洗，這是從以前香港「大牌檔」年代在路邊攤吃飯開始，因為店家很多時用污濁的水來洗碗筷，所以民眾習慣了自己再洗一次才放心，久而久之這個習慣演變成香港人獨特的用餐習俗。

麵包店、餅店、餅家

- **餐飲**：港式麵包西點風靡全球華人地區，人在香港就不能錯過正統又便宜的菠蘿包、菠蘿油、雞尾包、蛋撻、雞批(Chicken Pie，雞肉派)等等。

- **價位**：菠蘿包、蛋撻等一般賣港幣5～6元。

香港名稱	台灣名稱／註釋
菠蘿包	菠蘿包是香港代表性的甜麵包，本身卻沒有菠蘿(鳳梨)成份，是因為麵包頂層蓋上由麵粉、雞蛋、糖跟豬油製成的外皮，經烘焙過後成金黃色脆皮，看似菠蘿從而得名。
雞尾包 	不要誤會是雞屁股做麵包喔！它是包椰絲、糖、奶粉跟牛油混合製成有餡料的小餐包，一種很受歡迎的麵包。
蛋撻	是蛋塔。港式蛋塔的餅皮有兩大流派：牛油皮和酥皮，牛油皮顧名思義是用牛油，酥皮是用豬油。牛油皮入口比較甘香，酥皮經烘焙後成薄薄一層一層的模樣，比較鬆脆，所以兩派各有擁護者。
椰撻	跟蛋撻有親戚關係，外皮跟蛋撻相同，餡料換上椰絲、糖、牛油等等混合的椰泥。

⁉️ 找對地方吃對東西！

經常聽到有網友說要在香港找正統「港式飲茶餐廳」，也常聽到有人說「要到茶餐廳吃港式點心」，如果你這樣子問當地香港人，他們根本弄不清你想吃什麼！

「飲茶餐廳」跟香港人說的「茶餐廳」是兩種完全不同料理的餐廳！飲茶餐廳在香港是叫「酒樓」、「酒家」或「茶樓」，是吃粵式飲茶點心跟粵式合菜的地方。茶餐廳是香港飲食文化之中一派獨特的餐廳，吃港式麵包西點、簡餐和喝奶茶咖啡的地方，通常在茶餐廳是不會找到飲茶點心的。

甜品店

玉葉甜品

● **餐飲**：香港人精於製作和吃甜品，除了認為吃完正餐後來一道甜甜蜜蜜的甜品可以劃上完美句號，另一原因是生活節奏急速、神經緊張，吃甜品可以減輕壓力和舒緩情緒，也有養生功效。

● **價位**：燉蛋、燉奶一碗約港幣20～22元，芝麻糊之類的糖水約15～20元。

香港名稱	台灣名稱／註釋
紅豆沙 綠豆沙	紅豆沙通常加入蓮子及果皮一起煲煮，有補血正氣之效；綠豆沙通常加入海帶及香草一起煲煮，有降火解毒功能。
芝麻糊	傳統式芝麻糊是先把黑芝麻炒香，用石磨磨成粉末，再以一些粉漿和糖煮成，所以也稱為「生磨芝麻糊」。黑芝麻營養豐富，而且有烏黑頭髮、滋潤皮膚跟大腸的效果，所以芝麻糊是一道絕佳的保健養生甜湯！
雙皮奶	源於廣東省順德市的一種燉奶，是用牛奶加蛋清隔水蒸煮兩次形成含兩層「皮」的甜點，是奶味濃醇、很嫩的奶酪。
楊枝甘露	楊枝甘露是道地港式甜湯，用上柚子、芒果、西谷米、奶油、椰汁、糖水等混合後放進冰箱而成，味道酸酸甜甜，口感獨特，是香港人超愛的甜湯之一。
湯丸	即是湯圓，香港的湯丸一般理解是有包黑芝麻餡、而且放在甜湯吃的湯丸，其他餡料有「花生湯丸」、「紅豆湯丸」之類。
香芒布甸	布丁
榴　班戟	班戟是「Pancake」的譯音，即是用煎的甜薄餅。

快餐店

● **餐飲**：找便宜大碗又道地的港式美食的好地方，也是大部分民眾解決每天三餐、四餐問題的不二之選。

● **價位**：在速食店吃早餐或下午茶餐約港幣25～35元，中午35～45元，晚餐約40～65元。

美食規劃小提醒

港仔絕少將甜品當成早餐

另一常見差異是，有很多網友從香港回家後反映，他們大清早到著名吃燉奶、燉蛋的店家點選這些當早點吃，鄰桌在用早餐的港仔一直投以奇異目光！這一點並不誇張，因為當地人絕少把糖水甜點之類當成早餐，而且從中醫養生角度，早上喝糖水甜點會引致體內積聚「風邪」，有損健康，所以就算香港人是酷愛甜品的一群，也習慣在午後才去享受甜品。

許留山的什錦水果及丸子甜品

香港購物，掌握5大原則

1. 營業時間 最好安排下午購物

　　香港的店家整體來說一週七天都開門，每天大約是10:00～22:00，但某些年輕人的潮流時裝店、精品店、跳蚤市場等營業時間可能是12:00～00:00，所以在規劃行程時要注意購物時間，最好安排早上探訪景點，午後才購物。

旺角西洋菜街

2. 折扣期間 全年都有折扣

　　香港店家一年四季都有折扣活動，有「換季折扣」、「季中折扣」、「季尾大降價」等形形色色的活動，所以不一定要等待「香港購物節」之類的

女裝鞋店大減價

旅客推廣活動才到香港血拼。

　　打折最多的期間應該是每年約12月～隔年農曆年三十之間的「聖誕新年大降價」，當中愈接近農曆新年，打折和回饋愈多，衣服有時降至半價之下，是在地人撿便宜過年的最佳時機。不過要注意折扣期間客人眾多，你喜歡的貨品、款式和尺碼等可能都被搶光了。

3. 殺價規矩 最多只能殺個8、9折

　　在香港購物通常是明碼實價、童叟無欺，香港人也比較喜歡光顧這種老實的店家。

　　不過你到商店選購衣服、包包、飾物、化妝保養品、3C產品、精品等等，還是可以嘗試跟店員索個折扣，一般最多只有8、9折，或是贈品。在遊客區和路邊攤，這裡不妨殺價一番，但也不建議殺得太兇，以免遭人白眼。

太子花園街

⁉️ 為環保請自備購物袋！

　　香港從2009年7月7日起實施「塑膠購物袋環保徵費」計畫，顧客在大型連鎖超市、便利店、妝藥店，以及百貨公司內的超市索取有手挽塑膠購物袋，店家將代政府收取港幣0.5元環保徵費。

吃喝玩樂篇

趣味用語：小雜貨店＝士多（來自英文Store）

4. 付款方式 旅行支票已不流行

現金

現金付款是最通行的付款方式，在香港除了用港幣，小部分店家也願意收人民幣，其他的貨幣都不行，所以台幣也要先兌換成港幣才可以用。

八達通卡

香港的大型連鎖超級市場、便利商店、麵包餅店、速食店、自動販賣機等會接受八達通卡付款，只要你的八達通卡有足夠儲值便可以，免除找換零

錢的麻煩。要為八達通卡加值，你可以到MTR站或便利商店找櫃檯服務員辦妥，每次加港幣50元或其倍數。

八達通感應器

信用卡

大部分商店都可以刷信用卡，不過要注意大額交易，例如到3C店家買數位相機，店員可能會要求核對你的身分證明文件，所以護照要隨身攜帶。在香港以港幣刷卡後，銀行會以刷卡當天的匯率換成台幣，加上國外簽帳手續費一併入帳，手續費一般為1～2%。

刷卡看似不划算，但方便的是不用預先兌換太多外幣，而且有些銀行對國外簽帳客人提供多倍現金回饋跟紅利積點，抵消部分手續費支出，所以在出國前應該先跟你的銀行確認收費和比較利弊。

5. 退稅 不納稅不退稅

香港購物和用餐等結帳時都不含消費稅或營業稅，所以也沒有退稅制度。

消費購物小提醒

購物黑店要當心

在尖沙咀彌敦道一帶，有些門外有五光十色霓虹燈招牌的3C店家，主要銷售對象為外來旅客，因為看準他們不懂實情，所以都以「免稅店」自居招徠生意，得罪地說這類都是不誠實的黑店，在地人並不會逛這些店家。建議採購3C產品可到旺角西洋菜南街，光顧在地人也會去、大型又有商譽的連鎖電器零售商。

誠信3C賣場——百老匯電器

在觀光區購買蔘茸海味中藥材等，也請小心碰上黑店，這類店家最常玩弄「斤、兩」把戲，選購產品時說標價是每斤計，但結帳

海味店

時說以每兩算，價錢飆升16倍；也有店家會魚目混珠，把廉價貨充高檔貨。要避開這類店家和揀便宜又好品質的東西，在地人大多到上環至西環一帶的「海味街」（文咸東街、文咸西街、在西營盤的德輔道西）找老字號。

黑店在世上每個城市都有，不一定針對旅客，在地人也會遭殃，所以大家都要小心選擇，貨比三家，不要隨便掏腰包下單。當不幸遇上黑店時，首要冷靜處理及注意自身安全，不一定要留在店面跟店員理論，可以取回收據之後在外面報警求助，也可以找香港消費者委員會跟香港旅遊發展局申訴，他

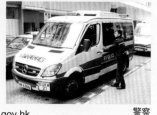

們會幫旅客向黑店追討賠償。

警察

【求助單位】

香港警察
電話：999
網址：www.police.gov.hk

香港消費者委員會
電話：+852-2929-2222
網址：www.consumer.org.hk

香港旅遊發展局
電話：+852-2508-1234
網址：www.discoverhongkong.com

香港必買手信與紀念品

各式中式、港式餅點

老婆餅、杏仁餅、核桃酥、皮蛋酥、紅綾、黃綾、白綾等各式中式餅食，是在地人愛吃的茶點，還有香港俗稱「唐餅」或「嫁女餅」的喜餅更是結婚程序中「過大禮」習俗不可缺少的禮物之一。很多店家有提供精心設計的精緻禮盒和婚嫁專用喜慶禮盒，送禮者最有體面，受禮者必定愛不釋手。

如果想買蛋撻、菠蘿包等等港式西點、麵包，可以到香港機場1號客運大樓的烘焙店買到；那裡還有杏仁條、蝴蝶酥等等好吃又受歡迎的港式餅乾在賣(話說太雅編輯到香港旅遊，我送她兩盒美心西餅(烘焙店)的酥餅禮盒拜託她帶回去請各位享用，後來她告訴我兩盒餅乾大約兩天已吃光)。

精裝打小人禮盒

旺角信和中心幾十年來一直是在地年輕人潮流玩集中心地，商場內有很多專門賣香港明星偶像照片及周邊產品、唱片、DVD等的店家，也有多個性小店販售港式設計精品、爆笑設計精品，例如「精裝打小人禮盒」，內含打小人用語(滑鼠墊)、打小人拖鞋(螢幕擦布)、小人紙公仔(便條紙)。**2012年修訂：目前已無販售打小人禮盒。**

壽星公靈簽套裝

SOGO恆香餅家 **蛋撻、椰撻**

打小人商品 **精裝打小人禮盒**

蛋卷、鳳凰卷

蛋卷、鳳凰卷是港澳地區著名小吃跟伴手禮，帶回家跟朋友同事分享必定大受歡迎。傳統的蛋卷是沒有包餡的，鳳凰卷是包了砂糖跟椰絲；但現代蛋卷與鳳凰卷都有新式口味，例如肉鬆蛋卷、咖哩肉鬆鳳凰卷等等(可惜於2007年1月1日起，旅客嚴禁攜帶肉鬆及肉乾等入境台灣)。

香港特色飲料、餅乾

香港著名的絲襪奶茶、涼茶、芝麻糊類甜品你未必可以帶一份新鮮的回家，但可以在超市找到港幣15元左右的盒裝奶茶包、幾塊錢一罐的奶茶跟瓶裝涼茶、約港幣15元的真空包裝芝麻糊或紅豆沙之類糖水包，方便放入行李中。到超市還可採購香港特色零嘴、餅乾、泡麵、醬料等，都是不錯的伴手禮。

蛋卷 **鳳凰卷**

糖水

公仔麵

吃喝玩樂篇

趣味用語：伴手禮＝手信

香水、保養品、藥油

尖沙咀加連威老道很多便宜但保證是正品的化妝保養品專門店，有各式品牌的小瓶裝香水跟保養品，價錢由港幣30元起，吸引很多喜歡嘗試或收藏不同品牌的女生來挖寶，也有很多旅客喜歡來挑選作紀念品和伴手禮。另外，店家也有老人家愛用的香港「黃道益活絡油」，可以帶一些回家孝敬。

尖沙咀龍城大藥房

陳皮梅、糖果、零嘴

香港的糖果、零嘴可跟台灣的有大不同，你可以在市內大型零嘴連鎖店家找尋精緻特別的糖果小吃，一般約港幣70元就有一大包！

陳皮梅、糖果

港式煲湯、廣東粥

有很多讀者品嘗過道地的港式煲湯(老火湯)和廣東粥後都念念不忘，想帶回家喝也可給家人享受。你可以在超市，或在港鐵站及2號客運大樓的老火湯專門店買到外帶的老火湯、廣東粥、龜苓膏、健康涼茶、港式糖水等等，放進託運行李中帶回家。

不過請注意，有些口味的老火湯，包裝內有附送含肉的材料，按台灣法令規定你就不要帶那款。建議你可以在超市或專門店買真空包裝的港式煲湯材料乾包，回家後按包裝上指示再買一點材料(通常是豬肉或雞肉)來煲煮，一樣可以煮出美味的港式老火湯！

鴻福堂老火湯包

公雞碗、煲仔、湯煲

古裝港劇中的茶樓常見的公雞圖案碗盤，在時裝港劇中港人廚房必備的煲湯跟煲仔飯的砂鍋，可以到賣居家生活用品、廚具之類的雜貨店找到，公雞小碗價位只港幣6元起跳，港劇迷不能錯過！

公雞碗

攜帶伴手禮小提醒

在選擇紀念品跟伴手禮時，請謹記以下規定：

免稅數量要注意

年滿20歲之成年旅客入境台灣時，攜帶菸酒之免稅數量為：酒1公升、捲菸200支或雪茄25支或菸絲1磅。

部分吃的不能帶

自2007年1月1日起，旅客嚴禁攜帶新鮮水果、瓜果類植物、動植物產品(含活動物、肉品、肉鬆、肉乾、活植物)等等入境台灣。

100ml以上的液體需託運

在預辦登機及掛行李後你可以繼續觀光購物，但不要再買大瓶裝的香水、保養乳液、面霜、藥膏、飲料、甜湯包等等伴手禮，因為你還來不及上機，在香港機場做保安檢查時就已被攔截！

香港常用度量衡單位

分類	香港常用單位	公制單位(約數)
重量	1斤(中式)	605公克
	1兩＝1/16斤(中式)	37.8公克
	1磅(英式)	454公克
	1盎司＝1/16磅(英式)	28.35公克
長度	1英尺(英式)	30.48厘米
	1英寸＝1/12尺(英式)	2.54厘米
面積	1平方尺(英式)	0.0929平方米(0.0281坪)
容量 (飲料)	1品脫(美式)	473毫升
	1盎司＝1/16品脫(美式)	29.56毫升

製表：古弘基

小撇步：購買煲湯材料乾包時，選含「猴頭菇」的煲湯材料包，煲煮時的香氣是最濃郁的，甚至鄰居也可以嗅到，所以建議買這種材料包回家自己做，家人必定喜歡！

深水埗

傳統老建築的香港舊區

　　深水埗是香港傳統舊區，很多香港歷史建築仍能保留，並被列為古蹟。到深水埗購物，你會發覺不用花費太多，便能有大大的收獲。鴨寮街、長沙灣道、福榮街及汝州街均是廉價購物的好去處。

美荷樓

網址：www.meihohouse.hk／交通：MTR深水埗站，D2出口走10分鐘

　　美荷樓是一座建於1954年的早期「H」形7層徙置大廈，獲評為香港二級歷史建築。2012年活化後，改裝成美荷樓青年旅舍，加裝了升降機和環保裝置，同時邀請舊居民任導賞員。旅舍內的美荷樓生活館，模擬1950至70年代公屋住宅單位、廁格及小商舖的原貌，讓旅宿者感受深水埗和石硤尾的歷史發展。另外，旅舍亦設有露天用餐區、懷舊冰室及士多。

1.各式懷舊糖菓／2.美荷樓生活館內部

汝州街

交通：MTR深水埗站，C2出口走5分鐘

　　汝州街又稱為珠仔街，街道兩旁開設了很多售賣成衣配件的店家。這些店家很多都是專門售賣小圓珠（俗稱「珠仔」）的，「珠仔街」因而得名。這些小圓珠以塑膠、水晶、玻璃及木材等製造，款式多樣化，價錢從數元港幣一克起，十分大眾化，可用作自製首飾、玩偶之用。部分店家專營批發業務，星期六、日及公眾假期休息。零售店開店時間不定時，一般會於早上9點至晚上6點營業。

1.各式各樣的小圓珠／2.珠飾商店

長沙灣道

交通：MTR深水埗站，C1出口

　　長沙灣道由黃竹街至欽州街一段，有不少售賣成衣和疋頭店家，故有時裝街或成衣街之稱。店家主要為批發業務，但兼營零售，由於部分貨品是設計師品牌的樣品、季末商品的過剩製成品，或是有瑕疵的次等貨品，所以售價低廉，不少愛美又精打細算的上班族或時裝小店的老闆，都愛到這裡來選購貨品。店家一般會於中午12時至晚上7時營業。

1.在時裝批發店購物／2.長沙灣道成衣店林立

鴨寮街

交通：MTR深水埗站，C2出口

　　鴨寮街俗稱鴨記亦稱電子用品街，以專門售賣電子產品及中古貨品而聞名。來到鴨寮街就是抱著尋寶的心態，貨品類型由電子零件、家用電話、手機、音響器材、汽車零件及五金工具，到廉價中古貨品，如手電筒、連接線、插蘇、變壓器、燈泡、舊電器、黑膠唱片，很多你意想不到的貨品，都可在鴨寮街找到。

1.各式中古電器／2.人潮如鯽的鴨寮街

TIPS

桂林街和南昌街的一段鴨寮街已劃為行人專用徒步區，從中午12點至晚上9點禁止所有車輛駛入，方便遊覽。

合益泰小食

地址：深水埗桂林街121號地下／電話：+852-2720-0239／營業時間：週一～日06:30～20:30／交通：MTR深水埗站，C2出口走1分鐘

　　合益泰小食是一間街坊小食店，若不留神，很容易便會錯過了。不過耳聞剪腸粉的「叮叮」聲，就知道小食店就在不遠處。此店以滑滑的豬腸粉聞名，豬腸粉是一種使用米漿作成的街頭小食，配上甜醬、麻醬、醬油及芝麻，特別惹味。據說腸粉能日賣6,000條。除豬腸粉外，店內的蘿蔔、魚旦及豬皮也是熱賣小食。

1.蘿蔔魚旦／2.配上醬料的豬腸粉／3.合益泰小食

坤記糕品專家

地址：深水埗福華街115-117號北河商場地下10號鋪／電話：+852-2360-0328／營業時間：週一～日08:00～23:00／交通：MTR深水埗站，B2出口走1分鐘

　　坤記糕品專家創立40多年，能令它由一間街坊糕品店到現在聲名遠播，全因古法製作。由磨米粉到蒸米漿，全是人手製作，所做的糕點鬆軟又不過甜。坤記著名糕點包括紅豆糕、芝麻糕、砵仔糕等，而白糖糕更是鎮店之寶。

1.鎮店之寶白糖糕／2.各式糕點／3.坤記糕品專家

維記咖啡粉麵

地址：深水埗福榮街62號及66號地下及北河街165-167號地下D號／電話：+852-2387-6515／營業時間：週一～五06:30～20:30，週六、日及公眾假期06:30～19:15／交通：MTR深水埗站，B2出口走3分鐘

維記咖啡粉麵是香港一家著名茶餐廳，於1957年創立，以豬潤牛肉麵及咖央多士著名。由於店外總排著長長的人龍，故在深水埗共設3家分店，第一家滿了，顧客便可走到第二家，緩和了座無虛席的熱鬧場面。

1.馳名豬潤麵／2.咖央多士／3.維記咖啡粉麵

港味飲食豆知識
豬潤即是豬肝，不吃內臟的可只選牛肉。

公和荳品廠

地址：深水埗北河街118號地下／電話：+852-2386-6871／營業時間：週一～日07:00～21:00／交通：MTR深水埗站，B2出口走2分鐘

公和荳品廠於1893年開業，是一家過百年歷史的荳品老字號店家，雖然香港有其他以新式裝潢的分店或其他同類型店鋪，但品質與老店相距很遠，故要嘗真正的風味，必須到深水埗這家老店。公和荳品廠售賣的全是傳統市場豆類製品，以煎釀豆腐和豆腐花最為出色。

1.滑滑豆腐花／2.煎釀豆腐、魚腐及豆卜／3.公和荳品廠

添好運點心專門店

地址：深水埗福榮街9-11號地下／電話：+852-2788-1226／營業時間：週一～五10:00～21:30，週六～日09:00～21:30／FB：www.facebook.com/TianHaoYun/／交通：MTR深水埗站，B2出口走10～15分鐘

　　添好運點心專門店店東原是中環四季酒店中菜館龍景軒點心主管，於2009年自立門戶於油麻地開設第一家添好運(現已遷往大角咀)，不足一年已獲國際飲食權威米其林評為一星級餐廳，是全球最廉宜的星級食府。該店點心即叫即蒸，以酥皮焗叉燒包、馬拉糕及黃沙豬潤腸粉聞名。添好運在香港共設5家分店，而海外分店亦陸續開設，第一家海外分店設在台北中正區。

1.馬拉糕／2.酥皮焗叉燒包／3.添好運點心專門店

新香園(堅記)

地址：深水埗桂林街38號A地下／電話：+852-2386-2748／營業時間：24小時營業／FB：www.facebook.com/pages/新香園/325799700793690／交通：MTR深水埗站，C2出口走3分鐘

　　已有數十年歷史的新香園(堅記)，是由新香園茶餐廳及堅記粥麵店組成的，故兩家店的食品均可一次品嘗。餐廳的招牌食品為蛋牛治烘底，用的是新鮮牛肉碎混入滑蛋即叫即炒，再配上烘了底的麵包，分外惹味，而西多士和豬手麵也是其人氣食品。

1.西多士／2.豬手麵／3.蛋牛治烘底／4.新香園(堅記)

港味飲食豆知識

烘底即是將麵包烘脆成多士，蛋牛治即是雞蛋牛肉三文治，西多士即是炸香了的麵包，配糖漿和牛油吃，豬手即是豬腳。

太子

平價美食與時裝的淘寶地

太子其實是旺角的一部分，地圖上並沒有太子此地名，只是因為該地靠近MTR太子站，故在地人習慣稱呼此區域為太子。

美味食店

地址：太子水渠道30-32號A美星樓地下10號鋪／電話：+852-2142-7468／營業時間：週一～日10:30～21:30／交通：MTR太子站，B2出口走5分鐘

美味食店是香港街頭小食店，其人氣食品臭豆腐連食家明星也是捧場客。台灣跟香港的臭豆腐風味不同，台灣有濕的深坑臭豆腐，亦有跟香港一樣的炸的。炸的臭豆腐兩者均是外皮酥脆，裡面有很多氣孔，分別在於台灣的臭豆腐是外面臭裡面也臭，常搭配酸甜不辣及台式泡菜；而香港的是聞起來是臭的，但吃起來裡面跟沒有發酵的豆腐相若，十分嫩滑，習慣以甜醬搭配，除臭豆腐外，碗仔翅也值得一試。

1.碗仔翅／2.配上甜醬的臭豆腐／3.美味食店

港 味飲食豆知識
碗仔翅即是以粉絲代替昂貴魚翅的仿魚翅羹。

花園街（太子道西至旺角道）

交通：MTR太子站，B2出口走5分鐘

這裡的路邊攤跟商店都是賣便宜襯衣外套、出口衣服、嬰兒服、毛巾、臥室日用品等，是在地人其中一個購買便宜服裝用品的地方。

1.人潮濟湧的花園街

金鳳大餐廳

地址：太子荔枝角道102號金鳳樓地下／電話：+852-2393-6054／營業時間：週一～日11:30～23:30／網址：www.gpsteak.com／交通：MTR太子站，C2出口走10分鐘

創立於1969年，以西式扒餐為主打，由於能以茶餐廳的價錢品嘗到酒店級扒房的靚牛扒，故被譽為平民扒房。餐廳用料新鮮、醬汁濃郁，放在熱騰騰的鐵板上份外惹味，尤以招牌牛柳最受歡迎。餐廳共有3家分店（太子、尖沙咀及九龍城），太子總店每晚6點便開始出現人潮，到晚上10點人群才散去。

1.鐵板牛扒餐／2.金鳳大餐廳

港 味飲食豆知識
牛扒即是牛排，扒房即是吃牛排的店家。

油麻地

體驗市井小民的香港味

　　油麻地歷史悠久，是最具本土氣息之地，在地人很多仍保留香港傳統生活方式，特別是廟街夜市，處處反映著香港的生活文化。

廟街

交通：MTR油麻地站，C出口走3分鐘

　　俗稱「男人街」的廟街，是不少電影的拍攝場景，富有香港文化特色，是售賣平價貨品的露天夜市。攤檔售賣的物品包括男性服裝、手工藝品、玉器、古董及廉價電子產品等。在天后廟外有不少占卜算命的攤檔，也有傳統粵劇及歌唱表演。每天從傍晚開始，廟街路邊的攤檔便會陸續開始營業，故入夜後十分熱鬧。

1.廟街牌坊

四季煲仔飯

地址：油麻地鴉打街46-58號／營業時間：週一～日18:00～01:00／交通：MTR油麻地站，C出口走3分鐘

　　四季煲仔飯為油麻地廟街一家人氣小店，以售賣煲仔飯而著名。其煲仔飯的特色除了是使用炭爐製作之外，價錢亦十分大眾化，能吸引在地人及外地遊客光顧，每晚門外均有一條長長的人龍。推介臘腸排骨煲仔飯及煎鴨蛋蠔餅。

1.煎鴨蛋蠔餅／2.四季煲仔飯／3.臘腸排骨煲仔飯

港味飲食豆知識
吃煲仔飯謹記配上其自家製甜豉油

廟街牛雜

地址：油麻地鴉打街18號／營業時間：約18:00～22:00／交通：MTR油麻地站，C出口走3分鐘

　　牛雜是香港的懷舊街頭小吃，以牛的內臟煮製而成，由於牛內臟價格便宜，故很受百姓歡迎。廟街牛雜於60年代已開業，店鋪雖然簡陋，但由於售賣的牛雜實在太美味，故門外總是出現排隊的人龍。現在小店除售賣招牌小吃牛雜外，亦兼賣炸豬大腸。

1.牛雜／2.廟街牛雜

旺角

超人氣的主題特色街道

　　香港人氣最旺的地區，店家多營業至深夜。大型商場、個性小店、花園街、女人街、金魚街、波鞋街等，均是潮流物品，珠寶、時裝、化妝品及電子產品集中地，應有盡有，是血拼必到之地。

花園街(亞皆老街至登打士街)

交通：MTR旺角站，E2出口走5分鐘

　　俗稱「波鞋街」的旺角花園街，一段200公尺道路兩旁都是售賣運動鞋跟運動用品的店家，新款運動鞋的價位通常是市價打八、九折，部分斷碼貨更低至半價；在兩旁大樓上還會找到戶外休閒活動用品專門店。　　1.波鞋街

通菜街(亞皆老街至登打士街)

交通：MTR旺角站，D3出口走2分鐘

　　俗稱「女人街」的旺角通菜街，是一條長一公里路的露天市集，匯集逾百個地攤，售賣的除了女裝，還有男裝、皮包、首飾、玩具等物品，款式多元化且價格便宜。此外，在道路兩旁食肆林立，各國美食均可找到。

1.人來人往的通菜街

西洋菜南街
(亞皆老街至登打士街)

交通：MTR旺角站，D3出口

　　最新的手機、照相機、音響、電子產品全都可以在這段400公尺的西洋菜南街兩旁的大型連鎖店家找到。因為競爭激烈，所以這裡的分店一般打折跟送贈品比別處分店多。由於遊客眾多，故此段路部分時間劃為行人專用徒步區，路上還有很多街頭表演，馬上拍馬上看的攤檔及電訊商推廣攤檔，十分熱鬧。

1.熱鬧的西洋菜南街

彌敦道(亞皆老街至登打士街)

交通：MTR旺角站，E2出口

　　彌敦道旺角一段兩旁的人行道，有數十家珠寶銀樓跟名錶行如周大福、周生生、

六福珠寶、謝瑞麟、金至尊等，是購買珠寶金器的集中地。　　1.彌敦道銀樓

旺角購物商圈

MOKO新世紀廣場

旺角中心及新之城

始創中心

雅蘭中心

朗豪坊

荷里活商業中心

信和中心

聯合廣場

兆萬中心

潮流特區

小食快綫

地址：旺角港鐵東鐵線旺角東站MKK5號舖／營業時間：週一～日06:30～11:30／交通：MTR旺角東站，B出口

　　小食快綫在香港共有7家分店，除荃灣和粉嶺分店外，其他5家分店均設於MTR內，以旺角東站分店最為便利。售賣的全是香港地道小食，魚肉燒賣、魚旦、碗仔翅、腸粉、雞蛋仔等，尤以煎釀三寶最為出色。在路邊攤的三寶很多都是油油的，而這家小食店由於位於港鐵站內，人流多故食物很新鮮，煎釀三寶多是熱烘烘的，價錢較街邊檔便宜亦較衛生。

　　此外，生菜魚肉湯的魚肉亦較其他食店彈牙，值得一試。

1.生菜魚肉湯／2.煎釀三寶及魚肉燒賣／3.小食快綫

肥姐小食店

地址：旺角登打士街55號4A舖／電話：+852-9191-7683／營業時間：週一～日14:00～23:00或售完／FB：www.facebook.com/FeiJieXiaoShiDian／交通：MTR旺角站，E2出口走10分鐘

位於旺角花園街和登打士街街頭，是一家超人氣小食店，經常有數十人在門外排隊，小店提供多款港式滷味小食，全都是一串一串的。必吃推薦為很受客人歡迎的生腸和墨魚。好吃的程度是讓人一買了就忍不住站在旁邊人行道上吃了起來，這就是最好的寫照。

1.生腸、墨魚和火雞腎串／2.肥姐小食店

奇趣餅家

地址：旺角花園街135號地下／電話：+852-2394-1727／營業時間：週一～日08:00～20:00／交通：MTR旺角站，B2出口走8分鐘

奇趣餅家位於人流極高的花園街，是一家有數十年歷史的傳統港式餅店。餅家提供多款特色的中式餅食，每日新鮮出爐，極受客人歡迎，以豆沙燒餅及光酥餅最為聞名。

1.豆沙燒餅／2.奇趣餅家

真知味

地址：旺角花園街161A號／營業時間：週一～日09:00～11:00／交通：MTR旺角東站，C出口，沿天橋走5分鐘

真知味是一家位於旺角的人氣小店，主要售賣港式車仔麵，尤以魚旦、豬紅及豬腸最受歡迎，若不喜歡吃粉麵，只叫淨餸也可以的。小店門前亦設小食車仔，主要售賣魚皮餃、魚肉燒賣、魚旦等小食，配上其辣汁，分外惹味，故門外經常擠滿購買小食的人。

1.真知味／2.車仔麵／3.小食車仔

 港味飲食豆知識

淨餸即是不配粉麵。

佐敦

平價美食朝聖地

佐敦原是一個地區，位於尖沙咀以北，油麻地以南，佐敦港鐵站啟用後，香港市民才漸漸把這地方稱為佐敦。穿梭佐敦的橫街窄巷，你可找到港式風味及異國風情餐廳，是尋找美食的好地方。

港澳義順牛奶公司

地址：佐敦庇利金街63號／電話：+852-2730-2799／營業時間：週一～日08:00～00:00／交通：MTR佐敦站，C2出口走3分鐘

港澳義順牛奶公司，老店處於澳門，其他分店則遍佈香港各區，包括佐敦、油麻地、太子及銅鑼灣。以馳名的雙皮燉奶(亦稱雙皮奶)聞名，更有香港甜點四大天王之稱，除甜點外，店內亦有提供三文治及粉麵。

1.牛肉三文治／2.雙皮燉奶／3.港澳義順牛奶公司

澳洲牛奶公司

地址：佐敦白加士街47-49號地下／電話：+852-2730-1356／營業時間：週一～三、五～日07:30～23:00，週四及勞工假期休息／交通：MTR佐敦站，C2出口走3分鐘

澳洲牛奶公司是香港一家著名茶餐廳，光顧的客人大部分也會點茶餐，選擇只有炒蛋或煎蛋、麵包或多士、通粉或意粉。每位伙記均訓練有素，由落單到將食物送到枱上也不用3分鐘。縱使它有20多位經驗老到的伙記，還是每分每秒趕過不停，因為客人像潮水般不停進出，可見其吸引程度。

1.叉燒湯意粉／2.多士配炒蛋火腿／3.澳洲牛奶公司

港味飲食豆知識

茶餐雖然沒有標示，其實是可選牛肉的，但若不主動跟伙記提出，便會當作選擇原定的叉燒。意粉即是意大利麵。

尖沙咀

遊客最愛的觀光區

　　尖沙咀是香港異國文化的主要聚集地，亦是香港遊客觀光區。尖沙咀購物熱點多不勝數，大型購物商場包括海港城、The One、美麗華商場、K11、iSQUARE等等，也有一些面積較小的商場和特色街道，包括百利商場、利時商場及加連威老道。除購物外，觀光點也有很多，包括星光大道、古蹟1881 Heritage、香港歷史博物館、科學館等，是購物觀光好去處。

1881 Heritage

網址：www.1881heritage.com／交通：MTR尖東站，L6出口走5分鐘

　　1881 Heritage前身為水警總區總部，是一項有過百年歷史的建築，為香港法定古蹟之一。這座維多利亞式古建築物由主體大樓、馬廄、時間球塔、九龍消防局及消防宿舍組成。2000年改建後，原來的水警總部主樓，變成了一所高級的古蹟酒店；馬廄變成了餐廳，消防局則改建為時裝店；除此以外，總部大樓外的空地則改建為小型商場，多家國際品牌進駐，大樓內亦設古蹟為主題展覽館，每日指定時段提供免費導賞團參觀酒店內部。

1.前水警總區總部大樓／**2.**大樓內園景致

維多利亞港海景星光大道

網址：www.avenueofstars.com.hk／交通：MTR尖東站，J出口走5分鐘

　　尖沙咀海濱長廊的星光大道於2004年開幕，目標為表揚香港電影台前幕後工作人員的貢獻，在那裡你可以跟李小龍銅像和香港巨星的手印合照。晚上可以欣賞最令人著迷的維多利亞港及香港島夜景。

　　由於尖沙咀海濱優化計畫正在進行大型維修及改善工程，故此由2015年10月8日起，星光大道將暫停開放，而原設之銅像將暫時遷往尖沙咀東海濱平台花園內的「星光花園」。

1.劉德華手印／**2.**星光大道的李小龍像／**3.**日間的維港景緻

前九廣鐵路鐘樓

交通：搭乘天星小輪至尖沙咀或任何往「尖沙咀碼頭」的巴士即至

　　尖沙咀天星碼頭旁的鐘樓，原址是1916年建成的尖沙咀火車總站，鐘樓於1921年啟用。直至1975年火車總站搬往紅磡，尖沙咀火車總站被拆除，只餘下車站鐘樓繼續見證著尖沙咀地貌變遷，成為大家最熟悉的香港地標。

1.屹立百年的鐘樓

香港歷史博物館

網址：hk.history.museum／**交通**：MTR尖沙咀站，B2出口走15分鐘

　　香港歷史博物館常設展覽「香港故事」，占地近7,000平方公尺，共有8個展區、逾4,000件展品，以多元化手法介紹香港的自然環境、文化傳承及6千年的歷史發展，製作費達港幣2億元，花6年完成。在館內你可以穿梭時空走進20世紀初的粵式茶樓、真正的古老電車、60年代的涼茶鋪等等，盡情細味香港風情。

幻彩詠香江

網址：www.tourism.gov.hk/symphony/cindex.html／**交通**：MTR尖東站，J出口走5分鐘

　　幻彩詠香江是金氏世界紀錄中「最大型燈光音樂匯演」，每晚8點在維多利亞港兩岸舉行，透過兩岸44棟大樓的燈光秀配合岸上音效，展示香港動感的一面。觀賞燈光秀的最優位置為尖沙咀文化中心外、海濱長廊和星光大道，不但能免費觀賞，還配有音樂和旁述介紹(週二、四、六國語廣播，週日粵語廣播)。

香港科學館

網址：hk.science.museum／**交通**：MTR尖沙咀站，B2出口走15分鐘

　　香港科學館是香港一所以科學為主題的博物館，樓高4層，共分16個展區，占地約13,500平方公尺，擁有500多件展品，其中超過7成展品可供參觀者親自操作。館內最為矚目的展品為一台22公尺高的「能量穿梭機」，它是現時世界上同類型展品中最大的一件，每當能量穿梭機啟動，均為觀眾帶來目不暇給的視聽效果。而館內另一珍藏「DC-3客機」，則是香港首架客機。除了常設展覽外，科學館還會定期舉辦專題展覽推介科技新知，適合一家大小同遊，是個寓學於樂的好去處。

天際100香港觀景台

網址：www.sky100.com.hk／交通：MTR九龍站，C1或D1出口，經圓方商場的金區2樓前往

天際100香港觀景台位於香港環球貿易廣場的100樓，是香港最高的室內觀景台，訪客可以360度俯瞰香港日夜繁華景致。觀景台設置先進望遠鏡，可從螢幕上看到所顯示的地標名稱，還設有不同效果模式，日間夜間、陰天晴天，甚至煙花也能看到。

除觀景台外，天際100亦設嶄新的多媒體裝置、立體投射展覽及完善的訪客中心，精彩生動地介紹香港獨特的歷史及文化。訪客中心更有具豐富旅遊知識的親善大使和先進的行程編排裝置為訪客量身訂造行程及提供本地旅遊資訊。

1.SKY100所在的環球貿易廣場／2.從SKY100遠眺維港景緻

富豪雪糕流動車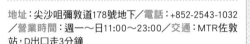

地址：尖沙咀天星碼頭對出巴士站(各區流動)／交通：MTR尖沙咀站L6出口，步行約5分鐘

富豪雪糕車(Mister Softee)是很多香港人的兒時回憶，每當聽到藍色多瑙河音樂響起，便知道雪糕車就在不遠處，可惜現受到噪音管制，現時雪糕車已沒有播放音樂，或只有很少的聲響。由於政府對雪糕車有嚴格則管，自1978年起已停止發出流動小販牌照，因此香港的富豪雪糕車一直只能維持16輛車的規模，每天不定時於全港穿梭。

1.富豪雪糕車

利強記北角雞蛋仔

地址：尖沙咀彌敦道178號地下／電話：+852-2543-1032／營業時間：週一～日11:00～23:00／交通：MTR佐敦站，D出口走3分鐘

利強記北角雞蛋仔主要售賣香港傳統街頭小吃雞蛋仔，由於其雞蛋仔充滿蛋香且外脆內軟，門外總有人們在排隊。除雞蛋仔外，小店亦兼售配花生醬、牛奶和沙糖的夾餅、魚蛋、魷魚等街頭小吃。小店於北角起家，現時分店已遍布香港各區，以尖沙咀分店最為方便。

1.雞蛋仔／2.利強記北角雞蛋仔

許留山

地址：尖沙咀金馬倫道12號恆信商業大廈地舖／電話：+852-2368-9783／營業時間：週一～日12:30～00:00／網址：www.hkhls.com／FB：www.facebook.com/huilaushan／交通：MTR尖沙咀站，B2出口走3分鐘

於1960年開業，是香港一家連鎖式甜點店，有香港甜點四大天王之稱。最初主要售賣傳統涼茶和龜苓膏，期後憑獨創的「芒果西米撈」打響名堂，現在已拓展為一家以鮮果為主打的甜點店，分店遍布香港、澳門、中國及馬來西亞，單是香港已有超過50家分店。

1.各式精緻甜品／2.許留山

太平館餐廳

地址：尖沙咀加連威老道40號／電話：+852-2721-3559／營業時間：週一～日11:00～00:00／網址：taipingkoon.com／交通：MTR尖沙咀站，B2出口走10分鐘

太平館於1860年創辦，店東曾任洋行廚師，創出以醬油配合西式烹調手法做菜，打響「鼓油西餐」的名堂。太平館現時在香港設有四家分店，分別設於尖沙咀、佐敦、銅鑼灣及中環士丹利街。招牌菜瑞士汁雞翼及巨型梳乎厘為必食之選，注意梳乎厘是3～4人分量的。

1.瑞士汁雞翼／2.太平館餐廳

糖朝

地址：尖沙咀漢口道28號亞太中心地庫A號鋪／電話：+852-2199-7799／營業時間：週一～五08:00～00:00，週六、日、公眾假期前夕07:30～00:00／網址：www.sweetdynasty.com／FB：www.facebook.com/pages/糖朝盛世/170765853097045／交通：MTR尖沙咀站，A1出口走5分鐘

糖朝初期是一家港式甜點店，於1991年創辦，以原木桶山水豆腐花馳名，在香港、日本、台灣及中國均設分店。其甜點曾榮獲香港甜品第一的殊榮，亦有香港甜點四大天王之稱。現時糖朝除甜點外，還供應其他傳統中式食品，包括粥粉麵飯、小菜、點心等，應有盡有。

1.糖朝／2.炸兩／3.原木桶山水豆腐花

尖沙咀購物商圈

廣東道

美麗華商場

利時商場

百利商場

柏麗大道

新太陽廣場

加連威老道

海港城

iSquare

新港中心

K11

The One

1881 Heritage

中環

感受新舊融合的國際魅力

中環是香港金融商業中心區，中西文化薈萃，有繁華時尚一面，亦有古舊樸實一面。商業地段有不少名店及大型購物商場，半山則有多家西式餐館和酒吧，是夜生活愛好者的聚腳地。而小型露天市集、老街舊巷則出售廉價物品、古董和藝術品，故此置身中環，會讓您有在古今中穿梭的感覺。

中環至半山自動扶手電梯人行天橋系統

交通：MTR中環站，D2出口走10分鐘

半山自動扶手電梯人行天橋系統於1993年啟用，是全球最長的戶外有蓋人行扶手電梯，是實用功能的建設。扶手電梯全長800公尺，由20條可轉換方向的單向自動扶梯和3條可轉換方向的單向自動人行道組成，連接中環鬧區跟半山區，方便居民出入。

旅客亦可沿扶梯上山，參觀附近半山區一帶景點，例如中環老區面貌、荷李活道古玩街、SOHO荷南美食區跟國父孫中山紀念館，每天超過8萬人次使用。

1.中環半山扶手電梯——擺花街至荷李活道一段

TIPS

系統不同時間會向不同方向運行，下行方向運行06:00～10:00，上行方向運行10:00～00:00。

孫中山紀念館 孫中山史蹟徑

網址：hk.drsunyatsen.museum／交通：**紀念館**：MTR金鐘站，C1出口，太古廣場前巴士站搭乘23、40或40M路巴士，香港孫中山紀念館下車走5分鐘。**史蹟徑**：以香港大學為起點至中環威靈頓街共15景點，每點均設有告示板介紹該處的史蹟，走完全程約2小時，請參考香港大學交通。

為了讓民眾緬懷孫中山先生這位一代風雲人物在港的活動足跡，突顯先生跟香港的密切關係，政府在中環半山區衛城道設立了孫中山紀念館，並在西環至中環一帶設立了孫中山史蹟徑，把沿途15個跟孫先生當年在港生活及跟革命事業有密切關係的景點遺址串連起來，讓你穿越時空走進百多年前的歷史之中。

1.史蹟徑看板／2.紀念館大樓

砵典乍街、荷李活道 📷

交通：MTR中環站，D2出口走5～10分鐘

　　砵典乍街是香港一條極具歷史價值的老街，被評為一級歷史建築，於1858年以香港的第一任港督名字命名。街道由皇后大道中開始向荷李活道往上鋪建，由於該路段頗為陡斜，故建造時刻意使用大型石塊高低輪替鋪設整條街道，除了方便行人上落和防滑功能外，也能把雨水引到路的兩旁，防止雨水積聚。由於整條街道均以石板鋪砌而成，故有石板街之稱。

　　石板街兩旁仍有許多老店販賣雜貨、古董玩具和復古服飾店等，也有現代的酒吧和食肆。來到石板街，建議旅客多走幾步，走上荷李活道欣賞富有香港殖民色彩的中央警處和域多利監獄。石板街處處充滿香港懷舊生活氣息，亦是電影熱門取景地點，故吸引了許多觀光客來此旅遊。

1.砵典乍街的石階／**2.**砵典乍街的店家

皇后像廣場 終審法院大樓 中國銀行總行 📷

交通：MTR中環站，K出口

　　它們是香港最具代表性的地標建築物，代表著英國人以往在香港統治的歷史、香港的法制、香港的國際金融基礎。

都爹利街石階與 煤氣路燈 📷

交通：MTR中環站，G出口走3分鐘

　　都爹利街內有一條花崗石建造的石階跟4支百年歷史的煤氣街燈，建於1875～1889年間，是香港法定古蹟之一，亦是香港電視劇和電影最熱門的警匪追逐或情侶散步取景場地。

1.百年歷史的階梯及煤氣街燈

蘭桂坊、德己立街

網址：www.lankwaifong.com／**交通**：MTR中環站，D2出口走8分鐘

　　蘭桂坊是世界著名的高質夜生活區，有超過100家餐廳、酒吧及時尚小店，為潮流人士和外國人的聚腳地。每年香港萬聖節或除夕倒數，不論在地人或旅客，均愛到蘭桂坊感受節日氣氛。　**1.**萬成節盛況／**2.**熱鬧的蘭桂坊

海濱摩天輪

網址：www.hkow.hk/en／**交通**：MTR香港站，A2出口走10分鐘；搭乘天星小輪至中環碼頭走5分鐘

　　海濱摩天輪於2014年12月開幕，營運商斥港幣2億元興建，高60公尺，坐落於中環海濱。摩天輪共有42個車廂，其中一個車廂為透明玻璃地板的貴賓車廂，搭乘時更會附送一杯香檳，讓乘客邊品嘗美酒邊欣賞維港景色。摩天輪每個車廂可載8位乘客，設有免費wifi，每次乘坐時間約15～20分鐘，視人潮多寡而定。除此以外，車廂內設恆溫設備，一年四季均可在舒適環境下欣賞維港兩岸景致。

香港大學

網址：www.hku.hk/visitors／**交通**：MTR香港大學站，A出口

　　香港大學成立於1911年，前身是1887年創立的香港西醫書院，是國父孫中山先生習醫的地方。它的本部大樓保存濃烈的傳統英式學院風格，在地人喜歡到這裡來拍照。

中環商圈

交通：置地廣場：MTR中環站，G出口／遮打道：MTR中環站，E、F、H、K出口／IFC：MTR香港站，G出口／皇后大道中：MTR中環站，D出口

　　如果你是為了採購高級世界名牌而來香港，那絕不能錯過連接中環的置地廣場、遮打道的遮打大廈、歷山大廈及太子大廈，當然還有連接香港站的大型商場「國際金融中心商場(IFC)」。這商圈就像台北101大樓一樣，包含世界主要名牌的旗艦店和專門店。置地廣場旁邊的一段皇后大道中(雪廠街至閣麟街半山扶梯之間)，是中高檔名牌時裝店及精品店集中地，也有化妝品店、珠寶銀樓及名錶行等等。

1.皇后大道中／2.遮打道／3.IFC／4.置地廣場

蘭芳園

地址：中環結志街2號／電話：+852-2544-3895、+852-2854-0731／營業時間：週一～六07:00～18:00，週日休息／交通：MTR香港站，E1出口，經恒生銀行大樓，利用半山自動扶梯往結志街，走10分鐘

　　蘭芳園是香港一家歷史悠久的茶餐廳，於1952年創辦，首創港式飲料「鴛鴦」及絲襪奶茶，總店位於中環結志街，早年以大牌檔形式經營，現時除設於大廈的舊店及新店兩家店鋪外，位於街邊的檔口仍然保留，是香港僅餘的大牌檔之一。除飲品外，食品蔥油雞扒撈丁也是必食之選，皆因蘭芳園亦是撈丁的始創地。值得一提的是，於上環信德中心分店內掛滿香港著名歌手譚詠麟的珍藏唱片，有興趣可光顧此分店。

1.蔥油雞翼撈丁／2.蘭芳園

港味飲食豆知識

撈丁即是撈出前一丁麵，鴛鴦即是奶茶與咖啡混合的飲料。

公利真料竹蔗水 🍴

地址：中環蘇豪荷李活道60號地下／電話：+852-2544-3571／營業時間：週一～日11:00～23:00／交通：MTR香港站，E1出口，經恒生銀行大樓，利用半山自動扶梯往荷李活道，全程約15分鐘

　　公利真料竹蔗水於1948年開業，是售賣傳統涼茶的老字號店鋪，設在一幢過百年歷史的唐樓地下，店內的擺設仍然保留一份50、60年代的懷舊味道。招牌蔗汁以新鮮竹蔗鮮榨而成，絕無添加任何糖份或防腐劑，故入口甜而不膩。公利除供應竹蔗汁外，還有提供涼茶、龜苓膏、蔗汁糕，以及酸梅湯、五花茶等產品。

1.鮮榨竹蔗汁／2.公利真料竹蔗水

九記牛腩 🍴

地址：中環歌賦街21號地下／電話：+852-2850-5967／營業時間：週一～六12:30～22:30，週日、公眾假期休息／交通：MTR香港站，E1出口，經恒生銀行大樓，利用半山自動扶梯往結志街，直走再沿鴨巴甸街轉入歌賦街，全程約20分鐘

　　九記牛腩是香港首創清湯牛腩的老字號，已有90年歷史，由大牌檔做起，1997年於歌賦街設店，以清湯牛腩及咖哩牛腩聞名。據說湯底用上一、兩百斤的牛骨與百餘斤的坑腩，再加上十幾種中藥配方熬煮而成，藥材選料更會按季節調配，味道濃郁香甜，而牛腩是用牛肋骨附近的坑腩，油脂少而肉質軟嫩，肥瘦均等，最能吸收獨家牛腩炮製的祕方，愛吃牛腩的你不要錯過。

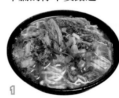

1.牛腩麵／2.九記牛腩

玉葉甜品 🍴

地址：中環蘇豪伊利近街2號／電話：+852-2544-3795／營業時間：週一～六12:00～00:30，週日視乎情悅營業／交通：MTR香港站，E1出口，經恒生銀行大樓，利用半山自動扶梯往荷李活道，全程約15分鐘

　　玉葉甜品是一家有百年歷史的食店，這家鐵皮大排檔現在已傳至第五代，售賣的是中式甜品及粉麵。甜品以海帶綠豆沙及糖不甩最為出色。店家每天必須把綠豆熬煮三小時，直至綠豆煲至起沙，再加入薏米海帶，十分清甜。而糖不甩能做到只黏糖粉不黏牙，十分考功夫。最令人驚喜的是其粉麵，麵質比很多粉麵店還要彈牙，值得一試。

1.玉葉甜品／2.水餃麵／3.海帶綠豆沙／4.糖不甩

勝香園

地址：中環美輪街2號排檔／電話：+852-2544-8368／營業時間：週一～六08：00～17：30，週日休息／交通：MTR香港站，E1出口，經恒生銀行大樓，利用半山自動扶梯往結志街，直走再沿鴨巴甸街轉入歌賦街，全程約20分鐘

　　勝香園是家庭式經營的香港大牌檔，幾坪不大的綠皮鐵屋，搭建在孫中山史蹟徑美輪街坂道上，整條花崗石坂道有著古老式香港情懷。其招牌食品為番茄牛肉通粉、檸蜜脆脆及鹹檸七。濃濃的番茄湯底是主角配上能吸收湯底精華的通粉，十分惹味。檸蜜脆脆是麵包烘至香脆，再塗上牛油、蜜糖及新鮮檸檬汁，即叫即烘，故此，每逢週末必定大排長龍。

1.勝香園／2.檸蜜脆脆／3.鹹檸七／4.番茄牛肉通粉

港味飲食豆知識
番茄牛肉通粉，香港簡稱為茄牛通。鹹檸七即是用鹽醃製的檸檬，再配上七喜汽水。

蓮香樓

地址：中環威靈頓街160-164號／電話：+852-2544-4556／營業時間：週一～日06：00～23：00，茶市06：00～16：00／網址：linheung.com.hk/lin_heung_tea_house／FB：www.facebook.com/linheunglau／交通：MTR香港站，E1出口，經恒生銀行大樓，利用半山自動扶梯往威靈頓街，向西直走即至，全程約15分鐘

　　蓮香樓是一家過百年歷史，有著「蓮蓉第一家」美譽的懷舊粵式茶樓，茶客可使用傳統的茶盅品茗，日間供應粵式點心，晚上供應經典粵菜，尤以蓮蓉食品出色而著名。蓮蓉包只在早市、午市供應，由於選用湖南湘蓮作餡，故製成的蓮蓉包的餡呈啡紅色，深受食客歡迎。除蓮蓉包外，豬膶燒賣和鵪鶉蛋燒賣這些懷舊點心亦十分推薦，因坊間茶樓已幾乎絕跡了。

1.蓮香樓／2.蓮蓉包／3.豬膶燒賣／4.鵪鶉蛋燒賣／5.近乎絕跡的點心車／6.傳統的茶盅

灣仔

傳統地區的懷舊風情

　　灣仔是一個集商業、住宅及購物於一身的繁盛區域，除著名的香港會議展覽中心、金紫荊廣場及中環廣場外，灣仔亦保存了部分獨特的歷史建築物，如灣仔舊郵政局及北帝廟等。

金紫荊廣場 博覽海濱花園

交通：MTR灣仔站，A5出口沿天橋走15分鐘；搭乘天星小輪至灣仔碼頭走10分鐘

　　金紫荊廣場位於香港灣仔會議展覽中心旁，為博覽海濱花園的一部分。廣場上豎立著一座名為「永遠盛開的紫荊花」之大型雕塑及「香港回歸祖國紀念碑」，兩者均是香港特別行政區成立的標誌。金紫荊廣場每天早上8點舉行莊嚴肅穆的升旗儀式，並播放中國國歌。

1.會議展覽中心／**2.**金紫荊及會展／**3.**海濱花園

TIPS

升旗禮有可能因天氣惡劣而取消。

檀島咖啡餅店

地址：灣仔軒尼詩道176-178號地下及閣樓／**電話**：+852-2575-1823／**營業時間**：週一～日06:00～00:00／**網址**：www.honolulu.com.hk／**FB**：www.facebook.com/pages/Honolulu-Coffee-Shop-Central-shop/811423482204410／**交通**：MTR灣仔站，A4出口走3分鐘

　　1940年開業，1990年搬到軒尼詩道現址。餅店以酥皮蛋撻最為著名，從店門前對聯「檀香未及咖啡香，島國今成蛋撻國」便可知其咖啡和蛋撻非常馳名。據稱該店的蛋撻酥皮有192層，所以特別鬆化。除酥皮蛋撻和咖啡外，菠蘿油也十分受歡迎。　　**1.**檀島咖啡餅店／**2.**酥皮蛋撻

再興燒臘飯店

地址：灣仔史剣域道1號C／**電話**：+852-2519-6639／**營業時間**：週一～六10:00～22:00，傳統中國節日10:00～18:00，週日、公眾假期休息／**交通**：MTR灣仔站，A4出口走10～15分鐘

　　再興燒臘飯店是香港一家廣東燒臘店，其家族於光緒末年起經營廣東燒臘。店家被香港旅遊發展局評為「紅牌館子」，亦入選為米其林精選餐廳，飯店主要售賣廣東燒臘，以其叉燒最受歡迎，甜度適中且肉質軟嫩。再興店外總是擠滿了排隊的人龍，值得留意一邊人龍是排外帶，另一邊人龍是排內用的。

1.再興燒臘飯店／**2.**叉燒飯

銅鑼灣

購物商圈血拼激戰區

銅鑼灣是香港的商業區，區內有不同類型大小的百貨公司及商場、精品店及售賣廉價品的攤販。不論是國際知名品牌、中高檔商品、年輕潮流服飾、以至廉價衣飾和生活雜貨，通通都找得到。

丹麥餅店

地址：銅鑼灣禮頓道106號禮信大廈地下／電話：+852-2576-7353／營業時間：週一～日06:30～19:00／交通：MTR銅鑼灣站，F1出口走15分鐘

　丹麥餅店創立於1971年，是香港一家舊式麵飽餅店，以豬扒包及熱狗聞名。店家的豬扒包及熱狗都是即買即做，無論早上上班或下午茶時段，都是客似雲來。由於位置是前往香港大球場必經之路，故每逢香港大球場有足球賽事舉行，店外總有條長長的人龍，而且食品必定火速售罄。　　　　1.丹麥餅店／2.豬扒包

何洪記

地址：銅鑼灣軒尼詩道500號希慎廣場12樓1204-1205號舖／電話：+852-2577-6060、+852-2577-6028／營業時間：週一～日11:30～23:00／網址：www.tasty.com.hk／FB：www.facebook.com/hohungkee／交通：MTR銅鑼灣站，F2出口，希慎廣場12樓

　何洪記始創於1946年，數十多年來仍保留著最傳統的烹調手法，屢獲殊榮，曾連續3年獲選為米其林一星餐廳，機場亦設分店。主打的雲吞麵是用蝦子熬成的湯底，配以人手打造的麵條，爽滑彈牙。粥品也是其招牌食品之一，以腐竹元貝和優質珍珠米熬製2小時以上做成。

1.何洪記／2.皮蛋瘦肉粥／3.雲吞麵

渣哥一九九六

地址：銅鑼灣渣甸街30號B舖地下／電話：+852-2420-0678／營業時間：週一～日07:00～00:00

　「渣哥1996」是香港小姐譚小環與港星莫少聰姨甥渣哥合作經營，主要售賣香港懷舊小食，以咖哩魚蛋最具代表性。渣哥的魚蛋不腥又彈牙，而且咖哩汁香濃，香辣入味。除魚蛋外，取自於電影《食神》的「黯然銷魂飯」也是推薦之一。除銅鑼灣店外，尖沙咀亦設分店。

1.渣哥一九九六／2.咖哩魚蛋

港 味飲食豆知識

「黯然銷魂飯」是厚切的餐肉配上流心的太陽蛋和日本珍珠米所製。

銅鑼灣購物商圈

名店坊

崇光百貨

世貿中心

渣甸坊

銅鑼灣廣場

銅鑼灣廣場2期

時代廣場

希慎廣場

東角Laforet

銅鑼灣地帶

利舞台廣場

金百利商場

皇室堡

利園

山頂、香港仔

太平山頂

網址：www.thepeak.com.hk/tc/home.asp／交通：中環搭乘山頂纜車或新巴15路巴士到山頂

世界最著名的觀景區，日夜景色風格不同但同樣迷人，白天晴朗時可以環顧270度香港壯麗景觀，晚上能欣賞世界三大夜景之一的維多利亞港景致，在太平山頂上有四個地方可以觀看夜景，包括盧吉道觀景台、獅子亭、位於山頂廣場頂層的免費觀景台Green Terrace，以及凌霄閣頂層的觀景台「凌霄閣摩天台428」。山頂廣場和凌霄閣除設有觀景台外，亦設有很多商店及餐廳，集觀光、購物及美食於一身。

1.凌霄閣／2.香港夜景／3.爬坡中的纜車

海洋公園

網址：www.oceanpark.com.hk／交通：MTR金鐘站，B出口，轉乘城巴629路巴士／MTR海洋公園站B出口（預計2016年12月開通）

海洋公園於1971年成立，是香港首個主題公園，占地87,000平方公尺，是一個集玩樂、大型表演和自然保育跟教育功能於一身的世界級主題公園。公園依山而建，分為高峰樂園及海濱樂園兩大主要景區，以登山纜車和海洋列車連接。全園共分為8大主題區域，包括亞洲動物天地、夢幻水都、威威天地、熱帶雨林天地、動感天地、海洋天地、急流天地及冰極天地，提供動物觀賞及機動遊戲。每年公園均會舉辦大型特備活動，當中以10月全城哈囉喂最為矚目。

哈囉喂為萬聖節節慶活動，每年10月園方會將部分場地改建或臨時興建多間鬼屋，而園內不同角落均會有不同的鬼怪突然出現驚嚇遊客，而遊客可以與它們拍照留念，除鬼屋外，亦有大型哈囉喂表演，是嶄新的娛樂體驗。

1.海洋公園正門／2.登山纜車／3.萬聖節的「帥氣鬼」／4.高峰樂園機動遊戲

杜莎夫人蠟像館

網址：www2.madametussauds.com/hong-kong／交通：中環搭乘山頂纜車或新巴15路巴士到山頂

在太平山頂凌霄閣的杜莎夫人蠟像館擁有過百尊栩栩如生的國際人士跟香港名人明星的蠟像，旅客都喜歡跟自己的偶像一起作些奇怪合照，搞笑一番。

1.李小龍蠟像／**2.**陳慧琳蠟像

麥奀雲吞麵世家

地址：山頂山頂道118號山頂廣場地下1C號鋪／電話：+852-2854-3871／營業時間：週一～日10:00～22:30／交通：中環搭乘山頂纜車或新巴15路巴士到山頂，山頂廣場地下

麥奀雲吞麵世家於80年代開業，是香港一家老字號麵店，在香港及澳門均設多家分店。麥奀雲吞麵世家的雲吞麵，以分量細小但質素好而聞名，湯底以大地魚及蝦子熬製，麵條則採用全鴨蛋不加水製作，故富有彈性。除雲吞麵外，炸醬麵也是另一推介。

1.麥奀雲吞麵世家／**2.**雲吞麵／**3.**炸醬麵

泰昌餅家

地址：山頂山頂道118號山頂廣場2樓19號鋪／電話：+852-8300-8308／營業時間：週一～六11:00～21:00，週日10:00～21:00／網址：www.taoheung.com.hk/tc/brands/tai_cheong_bakery/index.html／交通：中環搭乘山頂纜車或新巴15路巴士到山頂，山頂廣場2樓

泰昌餅家創立於1954年，是香港一家傳統餅店，食品以傳統方法人手製造，以蛋撻而聞名。餅家首創的曲奇蛋撻更有「全香港最好吃蛋撻」的美譽。時至今日，餅店已換上新式裝潢，而分店亦遍布香港各區，除售賣蛋撻外，亦兼售其他西式包點。

1.泰昌餅家／**2.**新鮮出爐蛋撻

北角、赤柱 淺水灣

淺水灣

網址：3D藝術館www.vamuseum.com.hk／交通：MTR香港站，D出口，中環交易廣場巴士總站轉乘6、6A、6X、66或260路巴士，於淺水灣海灘下車

淺水灣海灘水清沙細，是香港在地人跟外國居民日光浴首選地點。海灘附近還有特色波浪型建築物影灣園，和充滿古老英式風格的淺水灣酒店，酒店內的露台更是電影熱門取景地。另外，全港最大規模的3D藝術館「淺水灣超視覺藝術館」於2014年12月開幕，占地23,000平方呎，位於The Pulse商場內。

1.淺水灣影灣園／2.淺水灣海灘

洋紫荊維港遊

網址：www.cruise.com.hk/en／交通：MTR北角站，A1出口走5分鐘

洋紫荊維港遊是觀賞香港夜景的另一選擇。海上團隊擁有全港獨有的4艘特色觀光遊覽船，每艘船可容納逾300多位賓客，提供中西佳餚。旅客可在船上享用自助晚餐和欣賞現場樂隊表演之餘，亦可飽覽維港兩岸景色。洋紫荊維港遊設「幻彩詠香江」和「東方之珠」兩項自助晚餐選擇，由於洋紫荊維港遊設包船服務，建議旅客出發前於網上預訂以確定行程。

1.洋紫荊遊觀光船／2.船內自助餐

赤柱

網址：www.hk-stanley-market.com／交通：MTR香港站，D出口，中環交易廣場巴士總站轉乘6、6A、6X、66或260路巴士，於赤柱廣場或赤柱村下車

赤柱是個充滿悠閒小鎮風情的地方，在海濱旁的露天酒吧坐下來，享受陽光清風，再來一杯啤酒，十分寫意。赤柱最熱鬧的地方為赤柱大街，大街上的小商店及攤檔售賣各式各樣紀念品、中國手工藝品、成衣等，很受旅客歡迎。來到赤柱，可順道遊覽海濱旁的美利樓，它是一座揉合了中式和西式建築設計的歷史建築物，曾被評為一級歷史建築，原址在中環，後來遷往赤柱，現主要作為餐廳用途。

1.美利樓／2.赤柱大街／2.晚上的赤柱大街

欣澳、愉景灣
馬灣、大澳

迪士尼樂園

網址：www.hongkongdisneyland.com／交通：MTR迪士尼站

　　於2005年開幕，是世界著名主題樂園。走進迪士尼樂園，令你彷如置身於神奇童話王國。奇妙的幻想世界共有7大主題區，包括迷離莊園、灰熊山谷、反斗奇兵大本營、幻想世界、明日世界、探險世界及美國小鎮大街，遊客可在園內不同角落與迪士尼朋友會面及合照。除多姿多采的遊樂設施和娛樂表演項目外，晚上更有精采的「星夢奇緣」煙花表演。樂園全年均有多個精采節慶活動，以迪士尼雪亮聖誕最受歡迎，在美國小鎮大街上有徐徐飄雪降下，伴著悠揚的聖誕歌曲，特別有節日氣氛。

　　另一方面，樂園亦設有兩家飯店，包括古典維多利亞宮廷式的香港迪士尼樂園酒店和現代好萊塢時尚風格的迪士尼好萊塢酒店，是個玩樂度假的好地方。

1.迷離莊園／2.園內巡遊表演／3.星夢奇緣煙花表演

愉景灣

網址：visitdiscoverybay.com.hk／交通：中環3號碼頭搭乘渡輪至愉景灣碼頭；MTR欣澳站轉乘DB03R巴士；MTR東涌站轉乘DB01R巴士

　　位於大嶼山北部的愉景灣，是一個遠離鬧市、充滿異國風情的悠開社區。踏進愉景灣你會發現與香港其他鬧市地區迥然不同的感覺，滿街都是歐陸色建築物、一個個外籍人士在廣場拿著咖啡談天說地、一對對情侶坐沙灘上談心，這就是愉景灣獨有優遊自在的生活節奏。

　　愉景灣大致分為南北兩部分，南部是碼頭、公車總站、D Deck廣場及大白灣海灘，而北部是近年新建的北廣場、酒店及教堂。由中環搭乘高速客輪大概30分鐘即可到達南部。附近的D Deck廣場，除了各國特色餐廳及酒吧林立，廣場前亦是節日舉辦嘉年華的場所。走5分鐘就可到達大白灣海灘及海濱長廊，情侶手拉手漫步也蠻寫意。在D Deck廣場內的公車總站可搭乘免費專車到北廣場，一嘗更多的異國美食，沿岸走5分鐘即可到達沿海而建的愉景灣酒店。

　　酒店的一大特色是全香港獨有的海濱白教堂，高雅脫俗的純白設計加上濱海的景致，氣派浪漫又不失莊嚴。新人可選擇搭乘開頂馬車前往教堂行禮，或登上酒店旁的歐洲古典帆船進行婚禮，充滿童畫故事的感覺，浪漫非凡。

1.海濱白教堂／2.D Deck廣場／3.大白灣海灘

迪欣湖活動中心

交通：迪士尼樂園巴士總站轉乘R8A路巴士或走15分鐘前往

　　迪欣湖活動中心於2005年對外開放，鄰近香港迪士尼樂園。活動中心中央有一個面積達12公頃的人工湖「迪欣湖」，還有遊艇中心、小賣店、緩跑徑、兒童遊樂場、瀑布橋、人工瀑布、服務中心和植物林等，四周遍植棵樹和叢灌木。由於中心內風景優美，所以也吸引不少情侶前往拍攝婚紗照。

1.迪欣湖湖面／**2.**水上自行車

挪亞方舟

網址：www.noahsark.com.hk／**交通**：旺角新世紀廣場搭乘挪亞方舟穿梭巴士即至

　　挪亞方舟於2009年開幕，是一個宗教性的主題公園，象徵愛與生命。挪亞方舟內設6大景區，包括方舟花園、方舟博覽館、太陽館、珍愛地球館、方舟生命教育館及方舟傳奇(特別展覽)，益智好玩的活動。香港的方舟更是目前世界上唯一根據遠古所載，以一比一的比例大小建造的挪亞方舟全尺寸複製品。除主題公園部分，亦設挪亞度假酒店及太陽館度假營住宿設施，方便旅客。

1.挪亞方舟門牌／**2.**方舟花園

馬灣公園（大自然公園）

網址：www.mawanpark.com／**交通**：中環2號碼頭搭乘渡輪至珀麗灣碼頭走15分鐘；MTR青衣站，C出口，搭乘珀麗灣巴士，沿指示走10分鐘

　　馬灣公園亦稱作大自然公園，於2007年開幕，是個結合自然、教育、藝術和愛的主題綠化公園，在挪亞方舟毗鄰，免費開放予公眾觀光的。馬灣公園內保留了數千棵原生樹，遊客可利用馬灣千樹誌手機App獲得更多關於樹的知識。

　　公園除展現大自然生態一面外，園內亦滿布多個以愛為意念的浪漫場景，包括意中園、鳥望台、彩虹牆、彩虹瀑布及金律廣場等，近年已成為婚紗攝影和大自然婚禮的熱門場地。

1.彩虹牆／**2.**園內的歐陸場景／**3.**鳥望台

吃喝玩樂篇

青馬大橋

交通：搭乘機場巴士途經青馬大橋；MTR青衣站，A1出口，轉乘308M專線小巴到訪客中心；MTR青衣站，C出口，搭乘珀麗灣巴士，沿指示走10分鐘往馬灣海灘；中環2號碼頭搭乘渡輪至珀麗灣碼頭，走10分鐘往馬灣海灘

　　青馬大橋在1997年通車，是連接大嶼山(離島)跟市區高速公路的一部分，也是全球最長的跨海行車及鐵路吊橋。旅客可以搭乘來往香港機場跟市區的巴士途經青馬大橋，親身體驗大橋的偉大，也可到青馬大橋訪客中心參觀及觀賞整座大橋的風景。另一個觀賞大橋的熱點是馬灣海灘。

1.日間的青馬大橋／**2.**晚上的青馬大橋

⁉️ 抽菸及亂丟垃圾的法令！

　　從2007年1月1日起香港所有室內公眾地方(包括餐廳、酒吧、KTV、電影院、商場等等)和室外公眾地方(所有公園、沙灘、體育館甚至行人天橋等等)，均定為禁止吸煙區，任何人在這些地方抽菸或攜帶燃著的香煙、雪茄、煙斗等會被罰款港幣1,500元(不過在馬路上抽菸還是可以)。

　　另外，任何人在香港的公眾地方亂丟垃圾、隨地吐痰、弄髒街道等等，都會被罰款港幣1,500元。

大澳

交通：MTR東涌站，B出口，走5分鐘至巴士站轉乘嶼巴11路巴士

　　有「東方威尼斯」之稱的大澳，位於大嶼山東端，遠離鬧市，保留著原始香港的漁村風貌。在水道兩旁並排而立的高架屋(在地人稱為棚屋)，是大澳居民的住所。遊客可搭乘小船在水道間穿梭，體驗獨特的漁鄉風貌。大澳附近海域是中華白海豚出沒之地，船家會帶領大家到那裡與中華白海豚Say Hi。

　　大澳居民大多是漁民，所以當地傳統特產也是和海有關的東西，如鹹魚、蝦醬等。但因海關檢役問題，外地遊客或許未能夠將傳統特產帶回國，所以近年催生了很多食品，如蝦豬餅，就是將大澳蝦醬混合豬肉，再用西生菜和薄餅包好，遊客即可嘗到大澳傳統蝦醬的美味。其他特色食品，如炭燒雞蛋仔、沙翁、茶菓等也不能錯過。

1.炭燒雞蛋仔／**2.**蝦豬餅／**3.**大澳水鄉

昂坪市集

交通：MTR東涌站，B出口走5分鐘，轉乘昂坪360纜車

　　步出昂坪纜車站，便來到富有中國文化色彩的昂坪市集，市集占地逾1.5公頃，於2006年開幕。市集由菩提徑、市集廣場與心意長廊組成，包括3大主題景點「與佛同行」、「360舞臺」及「360動感影院」。除可欣賞亭台樓閣和多媒體節目外，市集亦有多家餐廳及商店可享用美食及選購紀念品。

1.昂坪市集建物

寶蓮禪寺、天壇大佛

網址：www.plm.org.hk／**交通：**MTR東涌站，B出口走5分鐘至巴士站，轉乘嶼巴23路巴士至昂坪巴士總站，或搭乘昂坪360

　　寶蓮禪寺集宗教、佛教文化、園林景觀、雕塑藝術、傳統與現代於一體的佛教聖地，信徒和遊客絡繹不絕，香火鼎盛。禪寺設有供應素齋的齋堂和小食部，參觀後可順道享用特色齋菜。在禪寺對面的天壇大佛，是全球最高的戶外青銅坐佛，高34公尺，坐落在268級的石階上，座下設有3層展覽廳，展示珍貴的佛教文物，其中紀念堂有供奉佛陀真身舍利子。

1.268石階上的大佛

心經簡林

交通：昂坪巴士總站往「茶園」走15分鐘

　　心經簡林是全球最大戶外的木刻佛經群，竹林由38條高8～10公尺，寬1公尺多的花梨木柱組成，當中37條刻有《摩訶般若波羅蜜多心經》，而最高點的木柱沒有刻字，以象徵《心經》「空」的要義。每根木樁的高度和位置，都依照天然山勢排列成無限符號，以代表生生不息。心經簡林在天壇大佛和寶蓮禪寺附近，可順道遊覽。

1.刻上佛經的竹林

昂坪360

網址：www.np360.com.hk/tc／交通：MTR東涌站，B出口走5分鐘

　　昂坪360亦稱昂坪纜車，於2006年通車，連接大嶼山東涌市中心至昂坪，全長5.7公里，是世界上營運距離最長的索道系統。乘坐纜車約需25分鐘，這個過程能讓旅客體驗到「飛」一般的觀景旅程。除普通鑽石型纜車外，昂坪360更設車廂底部透明的水晶車廂，或需預約之香檳金色360空中貴賓廂，沿途能感受碧海山巒就在腳下的刺激感覺。

1.在纜車上遠眺香港機場

沙田自行車道

　　每逢假日，在地人均愛到郊外騎自行車，悠閒地享受陽光。而沙田及大埔為租賃自行車的熱點，兩地均設有完善的自行車道配套。由沙田市中心伸延至大埔市郊的自行車道，是新界東面的主要自行車道網絡。熱門路線是從MTR大圍站出發，沿著城門河畔、途經沙田馬場外圍、馬料水、再沿吐露港公路、經科學園、白石角海濱長廊、大埔海濱公園，最後在大埔或原路回去大圍交還自行車均可。自行車道每隔一部分路段設有售賣飲料、小吃的攤檔，在科學園附近還有很多餐廳選擇，不怕餓壞肚子。

TIPS

熱門租賃自行車地點為大圍區海福花園(MTR大圍站C出口)及村南道(MTR大圍站A出口)，離開車站即至。

香港文化博物館

網址：www.heritagemuseum.gov.hk／交通：MTR車公廟站，A出口走5分鐘

　　香港文化博物館外型採用中國傳統的四合院布局，是一所內容涵蓋歷史、藝術和文化等範疇的博物館。博物館耗資超過港幣8億元興建，館內設有6個長期展覽廳及6個專題展覽廳，占地7,500平方公尺，是香港最大型的博物館。博物館常透過多元化和生動的展覽及節目，讓參觀者增加對香港文化方面的認識。

　　另外，博物館亦會定期出版季度博物館通訊、製作教學資源冊及工作紙，舉辦不同範疇的講座、導賞服務及親子活動等，鼓勵不同社群參與博物館活動。

1.博物館門牌／2.博物館外觀

黃大仙祠

網址：www.siksikyuen.org.hk／交通：MTR黃大仙站，B2
出口

　　道教的黃大仙祠以「有求必應」見稱，打從
1921年建成以來，一向香火鼎盛，是在地人以
至世界各地來港的華人旅客求神問卜的熱點。
黃大仙祠在2011年1月完成擴建工程，在大殿
下新增設地下室建成「太歲元辰殿」，面積超

過1000平方
公尺，以環
保及科幻電
子化設計，
信眾可在此
以電子化方
式向太歲上
表祈福。

TIPS

黃大仙祠是免費入場，香燭可在門外的攤販隨意購
買；太歲元辰殿需買票入場，每位港幣100元，上表
祈福儀式另收港幣300元。

東薈城名店倉

網址：www.citygateoutlets.com.hk／交通：MTR東涌
站，C出口

　　東薈城名店倉是全港最多品牌設特賣場的商
場，超過90家國際知名品牌進駐，店家全年提
供最少3～7折扣扣優惠，購物必定滿載而歸。

由於東薈城離
香港國際機場
只需10～15
分鐘車程，是
離港前最後血
拼的好選擇。

香港賽馬會沙田馬場

網址：www.hkjc.com.／交通：沙田馬場：賽馬日開放
MTR馬場站；跑馬地馬場：MTR銅鑼灣站，A出口走15
～20分鐘

　　賽馬是香港最著名的娛樂活動之一，親在馬
場參與刺激的賽馬令人情緒高漲，興奮莫名。
英國人從1841年把賽馬活動帶進香港，到1884
年香港賽馬會成立，現今這馬會是全球規模最
大的賽馬機構之一。每年9月至隔年7月定為「
馬季」，通常週六或日下午有賽事，其他日子
則可到跑馬地馬場的賽馬博物館參觀。

1.沙田馬場／2.競馬盛況／3,4.銅羅灣跑馬場

TIPS

每週三晚上跑馬地馬場亦有賽事。

香港賽馬賽程表
如何看及投注方式

曾經有很多網友查詢，想在某一天到香港賽馬場體驗賭馬，但看不懂香港賽馬會網站內的賽程表。香港馬季是從9月初至隔年7月初，下面以5月4日及5月7日這兩天的小格作解說。網址：www.hkjc.com/chinese/racing/Fixture.asp

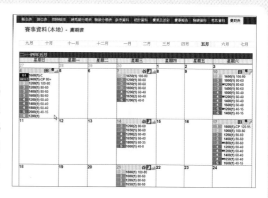

賽程表說明

	5月4日	5月7日
馬場簡寫	寫著「田」字表示這天在沙田馬場比賽(搭港鐵東鐵線直達馬場站)。	寫著「谷」字表示「快活谷」(Happy Valley)，即目前說的跑馬地馬場(搭港鐵港島線到銅鑼灣站從A出口走約10～15分鐘到)。
比賽時間	「太陽」標誌是在地人俗稱的「跑日馬」(日間比賽)。日馬通常在下午12:30至18:00進行，你可從上午11:30起進場參觀拍照。	「月亮」標誌表示「跑夜馬」(晚上比賽)。夜馬通常在晚上21:15～23:00進行，你可從下午18:30起進場參觀拍照。
比賽場數	格子共有11行數字，每行代表一場賽馬，所以當天共有11場賽馬；約每隔半小時開跑一場，但每場比賽馬匹只需跑約兩分鐘就到終點。	格子共有7行數字，所以當天共有7場賽馬；約每隔半小時開跑一場，但每場比賽馬匹只需跑約兩分鐘就到終點。

賽馬注意事項

	日馬	夜馬
入場費	公眾席每位港幣10元，刷八達通卡或投幣	
基本裝備	除了現金(賭錢當然要帶現金！不可刷卡或八達通)，還有兩項：報紙和筆！賽馬當天香港各大報章都會有賽馬資訊，詳細列出每場賽馬的資料和投注推荐等等可以參考。	
投注金額和方法	每項投注最少港幣10元，你可以到香港賽馬會網站的新手網頁看填寫彩票示範：special.hkjc.com/racing/info/ch/betting/guide_fill.asp 不過沒有看也沒關係，在馬場投注大堂有服務台和身穿藍色制服的服務員可以詳細教你怎麼填。填好了把彩票跟現金交投注櫃檯處理，之後會發給你印上電腦編碼的彩票，這時候就去求神保佑你的馬兒乖乖的跑出囉！	

滿記甜品

地址：西貢普通道10號A,B,C地下／電話：+852-2792-4991／營業時間：週一～日13:00～02:00／網址：honeymoon-dessert.com／FB：www.facebook.com/honeymoondesserthk／交通：旺角登打士街搭乘前往西貢的紅色小巴，總站下車走10分鐘；MTR鑽石山站，C2出口，搭乘九巴92路，西貢巴士總站下車走10分鐘

　　滿記甜品是一家香港連鎖式甜點店，創立於1995年，提供多款自製冷熱甜點，由傳統廣東糖水以至新派甜點均有供應，以新鮮水果如榴槤及芒果製作的手造甜點而聞名。滿記甜品首家分店開設於新界西貢，其後不斷擴充營業，現時香港各區、中國、新加坡及印尼均設有分店。滿記甜品亦有香港甜點四大天王之稱，人氣十足。

1.左：榴槤班戟，右：芒果班戟／**2**.滿記甜品／**3**.雜果雪糕甜品

六福菜館

地址：西貢市場街49號地舖／電話：+852-2792-9966／營業時間：週一～日11:00～22:30／FB：www.facebook.com/pages/Loaf-On-Cuisine/687531401333565／交通：旺角登打士街搭乘前往西貢的紅色小巴，總站下車走15分鐘；MTR鑽石山站，C2出口，搭乘九巴92路，西貢巴士總站下車走15分鐘

　　每當想起吃海鮮，第一時間便會想到西貢。六福菜館是一家海鮮菜館，設於一幢3層高的村屋內，雖然沒有海鮮魚池，但每天均供應新鮮的即日漁獲。店內裝修簡約整潔，被評為米其林一星餐廳。六福跟其他西貢海鮮酒家一樣，可在外面買海鮮交給六福烹調，酌量收取加工費。推介招牌西貢地道魚湯、椒鹽奇脆豆腐及各類海鮮。

1.椒鹽奇脆豆腐／**2**.六福菜館／**3**.椒鹽鮮魷／**4**.蒜蓉開邊蒸海蝦／**5**.蔥爆肉蟹

機場

I Love翠華EATery

翠華餐廳／地址：赤鱲角香港國際機場一號客運大樓8T007-第8層非禁區夾層(非禁區)／電話：+852-2261-0306／營業時間：週一～日07:00～00:00
I Love翠華EATery／地址：赤鱲角香港國際機場一號客運大樓7E180-第7層離港層東大堂(離境禁區)／電話：+852-2261-0277／營業時間：週一～日06:00～23:30／網址：www.tsuiwah.com／FB：www.facebook.com/Tsuiwahrestaurant

　　翠華餐廳是香港著名的茶餐廳之一，創立於1967年，前身是一家位於旺角的小小冰室，現在已是連鎖式茶餐廳，分店遍布香港、中國及澳門。翠華餐廳的食品種類繁多，大部分香港茶餐廳的食物都有供應，招牌食品為奶油豬仔包，但食品價錢大都比一般茶餐廳昂貴。

　　機場有2家分店，分別在非禁區的翠華餐廳及在離境禁區的I Love翠華EATery，讓離港候機旅客可再一次品嘗道地港式食物。

1.I Love 翠華 EATery／**2.**I Love 翠華 EATery 港式早餐(沙爹牛肉麵、奶油豬、炒蛋及奶茶)／**3.**翠華餐廳／**4.**翠華餐廳常餐

港 味飲食豆知識
奶油豬仔包，香港簡稱為奶油豬／奶油朱。

潮樓

地址：赤鱲角香港國際機場二號客運大樓翔天廊第6層(非禁區)／電話：+852-8300-8141／營業時間：週一～日07:00～23:00／網址：www.taoheung.com.hk/tc/brands/chao_inn/index.html

　　潮樓是一家新派的潮式菜館，突破潮菜向來予人不重外觀、欠缺新意的印象，但卻保留了經典潮菜的獨有風味。機場設有分店，到港後即可第一時間感受香港人的飲茶文化。值得一提，早茶時段所有點心都打7折，極力推薦給搭乘早機到香港的觀光旅客。

1.馬拉卷／**2.**特色公雞餐具／**3.**潮樓

行程規劃

善用旅遊資訊中心

　　香港旅遊發展局(旅發局)的旅客諮詢及服務中心有提供各項詳盡的旅遊資料，包含免費地圖、商家折價券、旅客景點介紹跟交通資訊、特殊旅遊專案等等，讓你在一個地方掌握所有香港最新旅遊情報，可報名參加觀光團或選購精緻的香港紀念品。

　　在香港機場出關口附近可以找到旅客諮詢及服務中心，另外在羅湖口岸、九龍尖沙咀天星碼頭跟港島的山頂廣場都設有服務據點。

山頂的旅遊諮詢中心

⁉ 街上旅遊資訊哪裡找？

　　香港十分重視旅遊產業，各種配套設施都從體貼旅客出發，在MTR站內你可以找到大幅掛壁的街道圖，也可以拿到免費的小街道圖，上面有註明附近主要飯店、景點、商圈等資訊，也有教你從哪個出入口走到。

　　在各區景點附近的十字路口也很容易看到一種紫紅色的路標竿，指出不同景點應該往哪裡走，所以只要細心找找看路標，就不會迷路。

香港路標

MTR香港站站內街道圖

香港旅遊發展局旅客咨詢中心

香港國際機場
地址：1號客運大樓入境大廳緩衝區A跟B
服務時間：每日08:00～21:00

羅湖口岸
地址：羅湖客運大樓2樓入境大廳
服務時間：自助形式(24小時開放)

九龍區
地址：尖沙咀天星碼頭
服務時間：每日08:00～20:00

香港島
地址：山頂露天廣場(凌霄閣及山頂廣場之間的古典纜車)
服務時間：每日11:00～20:00

另外，旅發局也設有中文旅遊諮詢電話熱線，當你在香港遇到旅遊問題就撥去查詢。
電話：+852-2508-1234
服務時間：每日09:00～18:00

香港旅遊發展局 www.discoverhongkong.com

＊以上資料時有異動，出發前請再次確認。

多利用在地的套裝行程

　　到香港自助遊除了自己找路外，也可以在地參加一些多采多姿的套裝行程，半天、一天、白天、晚上，甚至港澳遊的套裝行程都有，靈活配合你的需求。一般來說價錢也合理，不單有交通接送跟導遊講解，有的甚至包含用餐跟茶點，所以對自助遊新手來說，這也是體驗香港風貌的好方案。

　　不過，參加套裝行程前必須注意它的行程，有些行程可能帶客人到指定的購物點，浪費時間之餘也最怕被迫當上「冤大頭」，所以選擇套裝行程建議找旅發局和香港規模大又可靠的旅行社。

尖沙咀海濱

中環街景

旺角西洋菜街南，街頭表演

尖沙咀碼頭

精選香港在地套裝行程

機構	參考行程	參考價位(港幣)
香港旅遊發展局 電話：+852-2508-1234 網址：www.discoverhongkong.com	日遊香港團、夜遊香港團、維港海上遊團、離島暢遊團、特色觀光團	旅遊局是代理不同業者的local tour，價格須去電親洽
香港中國旅行社 電話：+852-2998-7333 網址：www.ctshk.com	大嶼山昂坪360纜車半自助遊： 青馬大橋→昂坪360纜車→天壇大佛→寶蓮禪寺→心經簡林→午餐→自由活動及自選回程時間	218
	漫步讀中環： 國際金融中心→中環街市→港式茶餐廳午餐→半山扶手電梯→舊中環警署→文武廟→摩囉街→西港城→電車遊	308
	海洋公園純玩一天遊： 金紫荊廣場→淺水灣→太平山頂→海洋公園(含門票及午餐)	459
永安旅行社 電話：+852-2928-8882 網址：www.wingontravel.com	精采一天遊： 蒲台島→赤柱→午餐(自費)→美利樓→赤柱大街	208
錦倫旅運 電話：+852-2368-7111 網址：www.grayline.com.hk	「幻彩詠香江」自助晚餐維港夜遊： 洋紫荊維港遊(觀光船上欣賞黃昏維港)→船上自助晚餐→幻彩詠香江匯演	390
	香港精選之旅： 金紫荊廣場→太平山頂→香港杜莎夫人蠟像館(含門票)→香港仔→珍寶王國(午餐)→海濱摩天輪	680

＊以上資料時有異動，依最新公告為準。　　　　　　　　　　　　　　　　　　製表：吳凱樺

香港三天兩夜自由行
在地港仔的完全攻略

香港是個集玩樂、購物及飲食於一身的地方，好玩好買好吃的數之不盡，怎樣才能在有限時間內盡情遊覽，本單元以三天兩夜作範例，告訴你那些地方不要錯過。

如何使用規劃範例

以下建議的行程規畫範例是假設你住在九龍尖沙咀區，這幾天都是從早到晚的在玩。

「3天基本行程規畫範例」是作者推薦給第一次自由行到香港遊覽的旅客必到景點，全是香港精華之選、不逛不吃會可惜的地方。在「3天基本行程規畫範例」基礎上，玩家可按自己喜好和實際情況，參考玩樂購物篇及飲食篇自行添加附加行程（如有時間或體力）。

另外，玩樂購物篇、飲食篇中的玩樂飲食推薦是以分區來進行介紹，讓有更多日子停留在香港的朋友，能輕鬆地自行規畫附加行程。

其實，要在短短3、4天跑完全部我列舉的景點和美食，我身為一個走路超快的香港人也說絕不可能，不過為了方便讓讀者做功課，我也先把全部值得去逛去吃的地方都排出來。範例中我會列出一些大概的「景點到訪時間」、「該逗留多久時間」、「交通時間」之類的資訊，但要注意，因為每個人的興趣和可花時間都不同，有人喜歡多花時間在景點拍照，有人打算駐足商店買個夠，也有人主要為了吃個飽，即使是乘車的時間也沒一定，因為鐵路、公車、甚至計程車都因為要等車和塞車，時間上沒一定。所以，一切都是待聰明的你到現場隨機應變！（香港俗語說的「執生」）

⁉️ 可自行調整自己的動線

最後想說，自由行不是「按表操課」，它的精神是讓你不按既定行程來參觀、隨心所欲的去玩去吃。所以，不要拘泥於「我不是住在九龍市區」、「我不是在香港玩3、4天」、「我不想按範例的景點次序來走」之類的「封建規條」！

如你覺得這個範例不符合你需求，歡迎你利用書中或我部落格內已有的豐富資訊，自行調節行程或創作一個合你心意的新行程，也歡迎你把功課貼到我部落格發問！

DAY 1

10:00 香港國際機場
預計需時約45分鐘入境及取回行李
P.40～41

10分鐘

11:00 Terminal 2：機場潮樓
飲茶，逗留約1小時，搭乘機場巴士到酒店
P.139

1小時

13:00 酒店Check in
辦理入住手續及安頓行李，約需30分鐘

15分鐘

13:45 尖沙咀天星小輪碼頭
搭乘天星小輪到灣仔，預計搭乘13:48班次

10分鐘

10分鐘

14:15 灣仔金紫荊廣場
拍照留念，逗留約30分鐘；搭乘25A路巴士，由灣仔會展前往史劍域道站下車(開車後第二站)
P.125

10分鐘

5分鐘

15:00 壇島咖啡餅店
下午茶，逗留約30分鐘
P.125

15分鐘

15:45 莊士敦道電車站
搭乘電車遊灣仔前往中環，於中環環球大廈下車

30分鐘

15分鐘

16:30 中環天星小輪碼頭
搭乘天星小輪到尖沙咀

8分鐘

5分鐘

16:45 維多利亞港海景、星光大道、前九廣鐵路鐘樓
拍照留念，逗留約45分鐘
P.115

15分鐘

17:45 1881 Heritage
拍照留念，逗留約30分鐘
P.114

15分鐘

18:30 糖朝
晚飯，逗留約1小時
P.117

15分鐘

20:00 幻彩詠香江
燈光匯演，逗留約30分鐘
搭乘2或6路巴士，由尖沙咀碼頭前往油麻地文明里站下車
P.115

20分鐘

5分鐘

21:00 廟街、四季煲仔飯
P.109

DAY 2

`08:15` **酒店出發**
搭乘MTR，由尖沙咀前往中環

🚆 15分鐘
🚶 20分鐘

`09:00` **勝香園**
大排檔早餐，逗留約30分鐘
P.124

🚶 20分鐘

`09:30` **MTR中環站**
搭乘MTR，由中環前往金鐘，車程約5分鐘，沿金鐘站B出口步行10分鐘；搭乘629路巴士，由金鐘(西)前往海洋公園，車程約20分鐘，下車步行5分鐘前往入口購票

🚆 5分鐘
🚶 10分鐘
🚌 20分鐘
🚶 5分鐘

`10:30` **海洋公園**
盡情遊玩及園內用膳，逗留5.5小時；建議在園內「香港老大街」品嘗各款懷舊美食
P.128

`16:00` **離開海洋公園**
搭乘629路巴士，由海洋公園前往金鐘(西)，車程約20分鐘；金鐘下車後，搭乘的士前往山頂纜車站，車程約15分鐘，建議多人同行可直接由海洋公園搭乘的士前往山頂纜車站，車程約25~30分鐘

🚌 20分鐘
or
🚕 15分鐘

`16:45` **山頂纜車站**
購票及等候纜車，預計約1小時；建議使用八達通不用排隊購票

🚡 10分鐘
🚶 5分鐘

`18:00` **麥奀記雲吞麵世家**
晚餐，逗留約45分鐘
P.129

🚶 10分鐘

`19:00` **杜莎夫人蠟像館**
拍照留念，逗留約1小時
P.129

🚶 10分鐘

`20:15` **太平山頂夜景**
觀賞夜景，逗留約1小時
P.128

🚶 15分鐘

`21:30` **山頂巴士總站**
準備離開山頂，搭乘15路巴士，由山頂前往中環5號碼頭；搭乘天星小輪，由中環前往尖沙咀

🚌 35分鐘
⛴ 8分鐘
🚶 15分鐘

`22:30` **許留山**
P.117

DAY 3

07:45 酒店Check Out
辦理退房手續，預計約15分鐘

 15分鐘

08:15 MTR九龍站，市區預辦登機
提早於九龍站辦理登機及行李託運手續，預計約30分鐘
P.53～55

 15分鐘

09:30 澳洲牛奶公司
茶餐廳早餐，逗留約30分鐘
前往MTR佐敦站搭乘MTR至東涌站，出站步行前往大嶼山巴士站
P.113

 5分鐘
 45分鐘
10分鐘

10:30 大嶼山巴士站
等候巴士，預計10分鐘
搭乘大嶼山巴士23路，由東涌市中心前往昂坪，昂坪下車後步行前往寶蓮禪寺或天壇大佛

 50分鐘
15分鐘

11:45 寶蓮禪寺、天壇大佛
拍照留念及參觀，必須購買素齋券才能參觀天壇大佛內的展覽館，逗留約1小時
P.134

 15分鐘

13:00 寶蓮禪寺齋堂
午餐享用素菜，逗留約1小時

 15分鐘

14:15 昂坪市集
觀光及購物，逗留約1小時
P.134

 15分鐘

15:30 昂坪360
等候纜車，預計約20分鐘，昂坪360內欣賞風景，全程約25分鐘
P.135

 10分鐘

16:30 東薈城名店倉
盡情購物，逗留2小時
P.136

 5分鐘

18:30 東涌巴士總站
搭乘S1路巴士前往機場

 20分鐘

19:00 香港國際機場
進入禁區辦理出境手續，預計約20分鐘

 10分鐘

19:30 I Love翠華EATery
進入禁區辦理出境手續，預計約20分鐘
P.139

21:00 從香港返回台灣 ✈

開始在香港
自助旅行

通訊篇
Communication

在香港要打電話、
上網、寄信怎麼辦？

在香港旅行，要怎麼與親朋好友聯絡、與世界連上線？
看看本篇的打電話、上網、寄信等實用資訊便可知。

打電話

從台灣打電話到香港

國際冠碼+香港國碼+電話號碼

先撥中華電信的國際冠碼「002」、「009」、「012」，或其他電信公司的國際冠碼，之後撥香港的國碼「852」，最後撥8碼電話號碼即可。香港沒有細分的區域碼。

撥打方法	國際冠碼+	國碼+	區域號碼+	電話號碼
打到市內電話	002 / 009 / 012 等等	852	香港沒有	2xxx xxxx(2或3開頭的8碼電話)
打到手機	002 / 009 / 012 等等	852	香港沒有	9xxx xxxx(5、6或9開頭的8碼電話)

從香港打電話回台灣

從香港打電話回台灣有很多方法，費率差異也很大，最好預先查明各種方案的收費。

用市話 / 漫遊手機直接撥打

在香港打直撥國際電話或用漫遊手機撥回家十分昂貴，參考香港主要電信業者「電訊盈科」（PCCW）的直撥國際電話001的費率為每分鐘港幣15.46元(約台幣57元)，中華電信漫遊手機打回台灣每分鐘約台幣50元，所以要三思而後行。

國際冠碼+台灣國碼+區域號碼+電話號碼

先撥國際冠碼001或接駁號碼，再撥台灣國碼886，加上區域號碼（去0），最後撥電話號碼即可。

撥打方法	國際冠碼+	國碼+	區域號碼+	電話號碼
用電話亭或飯店電話撥打	001或其他	886	2 (台北)或其他區域碼(要去0)	7碼或8碼
用漫遊手機撥打	001或「＋」	886	2 (台北)或其他區域碼(要去0)	7碼或8碼

利用國際電話預付卡

利用國際電話預付卡打回家比較划算，例如中華電信國際電話預付卡收費為1分鐘10元台幣。出國前可以在台灣預購國際電話預付卡，一般的便利商店都有賣各種預付卡，1張約台幣100元起跳，你可以預先比較費率，再挑選合適的預付卡。香港當地的便利商店也有一些按鍵式或插卡式的國際電話預付卡，但不算便宜，每張售價港幣50～70元起跳，依這個價錢，你可以再看看更優的選擇。

當地接駁號碼+預付卡卡號及密碼+區域號碼+電話號碼

拿起電話筒，先撥打預付卡專屬的香港當地接駁號碼，聽到指示後鍵入預付卡號碼跟密碼，驗證後再按指示撥區域號碼(去0)跟電話號碼即可。

撥打方法	在港接駁號碼+	預付卡卡號及密碼+	區域號碼+	電話號碼
在公用電話使用 國際電話預付卡	8009-3028-8(中華電信) 或其他業者的接駁號碼	預付卡上一串號碼	2 (台北)或其他 區域碼(要去0)	7碼或8碼 7碼或8碼

用香港手機預付SIM卡撥打

香港的手機通話費率是全世界最便宜的地區之一，在便利商店裡可以買到手機預付SIM卡，從港幣28元(約台幣112元)起跳。當中有一類專門撥打國際電話的SIM卡，例如「中國移動萬眾電話公司」的「IDD至抵傾儲值咭＊」，每張港幣60元(約台幣240元)，撥打當地電話跟接話，每分鐘港幣0.25元(約台幣1元)，但撥國際電話到國外30個國家地區包含台灣市話還只收港幣0.25元，不另收國際電話費！

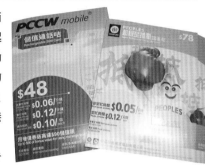

台灣2G、3G手機的頻率跟香港相同，而且在香港開通SIM卡的手續簡易，買卡後自行開通便可，不用到櫃檯辦手續或登記證件，所以愈來愈多旅客喜歡帶手機到香港開通SIM卡，一來方便在香港跟同伴聯絡，也可隨時隨地撥國際電話跟家中親友聊個夠，更可以讓家人打電話和傳簡訊給你，十分方便划算。

＊「IDD至抵傾儲值咭」是香港口語，「至抵」是最省、最划算的意思，「傾」是聊天，「儲值咭」是預付卡。

國際冠碼+台灣國碼+區域號碼+電話號碼

先撥國際冠碼001或接駁號碼，再撥台灣國碼886，加上區域號碼(去0)，最後撥電話號碼即可。

撥打方法	國際冠碼+	國碼+	區域號碼+	電話號碼
用香港手機預付卡撥打	001或其他	886	2 (台北)或其他區域碼(要去0)	7碼或8碼

在香港撥當地市內電話或手機號碼

直接撥打8碼電話號碼

街上的投幣電話，收費港幣1元，通話5分鐘，而使用飯店房內的電話一般都要付費，港幣5元一次。近年香港市內很少有公用電話供免費借用，建議購買預付卡較為便利。

從香港發簡訊到台灣

以手機傳國際簡訊回家是一種划算的通信方法，用香港的SIM卡約港幣1.8元（台幣6.8元），用台灣漫遊手機發送也只要台幣13元。打好簡訊後，按「+886」之後按手機號碼(去0)即可。

撥打方法	國際冠碼+	國碼+	手機號碼
用台灣或香港手機撥打	001或「+」	886	9 xxxx xxxx (要去0)

打電話、手機使用小提醒

香港手機「雙向收費」
在香港用香港手機預付卡，撥出電話固然要付費，但接聽電話都要付費(不論是香港來電或從台灣撥給你)，不過收費依然低廉。如果你使用專門撥打國際電話的手機預付卡，建議你多從香港打電話回台灣，這樣你是從預付卡支付便宜的長途電話費，家人接聽也免費；相反，如果是台灣家人打給你，家人要付國際電話費，你又要付接聽的話費，「雙重付費」不划算。

電信業者最新收費請上官方網站查詢
中華電信：www.cht.com.tw／電訊盈科：www.pccw.com／中國移動萬眾電話：www.peoples.com.hk

在香港開通4G LTE / 3G數據

如果有後備的智慧型手機，我個人習慣是會帶一支平時隨身用的常用手機跟一支後備手機出門。這預

付卡放進後備手機在香港撥打電話及可以作4G LTE或3G數據上網熱點分享給自己和同行者一起便用，而常用手機帶到香港可轉成飛行模式利用後備手機的Wi-Fi上網。這樣可不必改動常用手機的設定，但帶兩支手機比較麻煩，你可自行取捨。預付卡網址：www.hk.chinamobile.com/tc/corporate_information/Prepaid_SIM/inbound_tourists/4G3Gprepaid-services-individual.html。

如何購買預付卡

可以在全香港的7-11便利店、OK便利店、Vango便利店和中國移動香港的服務據點買到這卡，賣港

幣80元。香港機場就有中國移動、7-11和OK，而差不多全部港鐵站和機場快線站都有7-11便利店。

預付卡設定步驟

Step ① 檢查包裝內容物

打開包裝，內有詳細使用說明、收費表及預付卡等。

Step ② 記住自己的預付卡門號

預付卡門號已在列印在卡背（流動電話號碼），例如這個67011614，在香港市內用市話和手機打給這門號都是直撥8碼即可。

趣味用語：手機＝手提電話、流動電話

從台灣撥打這個門號：國際電話接駁碼+85267011614

從台灣發傳簡訊到這個門號：+85267011614

而利用手機通訊APP，例如Line、Skype、FB Messenger等用原本的收發帳號就行了。

Step ③ 取出預付卡的Sim卡

Sim卡出廠時已設定有不同大小的剪裁（含mini sim、micro sim及nano sim），現時大部份手機使用都可以用（含傳統型及智慧型Android、Blackberry、Windows及iPhone手機）。你的手機要用什麼大小的卡就請你查看你現在用的sim卡囉。

Step ④ 將Sim卡裝入手機，開機

把Sim卡插進手機後開機，撥出第一通電話（可以是客服的免費查詢電話），你會聽到系統說請你選擇語言，然後是一些資訊，最後就會接到對方電話，這樣代表你的卡已經開通了！再過一會你手機應該會收到簡訊確認開通門號和內含儲值金。如果你有同行者而且兩人都會買預付卡，這步驟建議你們互相撥給對方，這樣可以順便記存對方門號。

Step ⑤ 設定數據上網套餐

如果在香港玩5天或以下，推薦購買港幣53元「5日1.5GB」上網方案，平均每天有300MB數據可以用，只要你不是「上網依賴症」病患，查看電郵、發Line、FB打卡上載照片一定很足夠，即使要用Google Map導航、Line視像等應該也沒問題。開通方法就按包裝袋上紅色貼紙，手機按 *103*100*07# [撥打]，之後你會收到確認簡訊。到香港5天以上者可以按包裝上說明購買其他上網方案。

Step ⑥ 撥打電話儲值金

如果你用1.5GB上網方案，開通後還有港幣40元儲值金可以打電話，即是最多可有400分鐘在香港通話（HK$0.1／分鐘，含撥出及接聽），或最多142.9分鐘撥打國際電話到台灣市話（HK$0.28／分鐘），或最多31分鐘撥打國際電話到台灣手機（HK$1.29／分鐘）。撥打本地市話跟手機都是直撥8碼電話，撥打國際電話請按「001 886 2 xxxx xxxx」或「001 886 9 xxxx xxxx 」（要去零）。

上網

香港的網路十分發達，寬頻上網、無線網路跟手機3G上網服務很普遍。不過也因此，網咖不多，在鬧區也沒有很多網咖。

行動上網

如果你會帶3G手機或行動網卡到香港，可以在香港機場的便利商店和電信業者店面購買各家含3G行動上網功能的預付卡，每張港幣48元（約新台幣240元）起跳。除了可撥打和接聽電話外，更可開通不同的「限量」或「吃到飽」上網方案，例如：30天300MB低用量方案港幣38元（約新台幣152元），7天吃到飽方案也只要港幣78元（約新台幣312元），而且可以作熱點分享，十分划算！香港行動電話業者CSL網站：www.hkcsl.com。

在飯店上網

香港的飯店通常沒有提供免費上網，在房內上網的收費1小時大約港幣50～100元，反而旅館跟民宿很多有免費寬頻上網服務(請預先跟店家確認)。

在港鐵站、商場、咖啡店上網

全線港鐵站92個車站都會提供免費Wi-Fi熱點服務，每支手機每天最多可用5節，每節15分鐘。另外，部分港鐵站(付費區內)跟商場有提供免費寬頻上網終端機，可以看網頁跟電郵，每人每節15分鐘，當然若後面沒有人排隊你可以繼續使用。

香港的Pacific Coffee咖啡店通常設有1、2台寬頻上網電腦，免費讓客人使用。

街上的商業無線寬頻上網服務

在香港的電訊盈科在全港的投幣電話亭、港鐵站、便利商店、商場、餐廳和咖啡店等等設置了15,000多個無線寬頻上網熱點，只要你有無線上網功能(Wi-Fi，802.11b/g/n/ac)的筆電、手機或PDA等，便可抓到「PCCW」網路訊號，月費為港幣48元。而訪港旅客下載「Wi-Fi遊香港」APP功能，便可享免費Wi-Fi優惠(需使用非香港SIM卡)。

電訊盈科無線寬頻上網服務網址：www.pccwwifi.com

免費網路使用小提醒

免費使用香港政府Wi-Fi無線上網

由2008年初開始進行的「香港政府WiFi通」，在各區的政府場地包括圖書館、體育館、文化和康樂中心、熟食市場、大型公園和政府辦公大樓等等逐步安裝Wi-Fi上網設施，截至2015年12月已在約600個場地設置上網熱點。你可用筆電、手機或PDA等抓「freegov wifi」(不加密)或「freegovwifi-e」(加密，使用者名稱＝govwifi，密碼＝govwifi)的訊號並連線，便可以免費利用無線上網服務，對旅客來說實在十分實用！查詢服務據點及操作詳情請到官網：www.gov.hk/tc/theme/wifi/program/index.htm

香港政府WiFi通標誌

手機抓政府免費WiFi訊號

郵寄

郵資

要從香港寄信回台灣，地址直接寫中文就可以了，橫式直式一樣通行，但記得開始要寫「台灣」。從2016年1月1日起香港寄明信片(空郵)的郵資是港幣2.9元，寄空郵信件重量20公克或以下，也是港幣2.9元。

香港郵政最新收費跟服務據點，請到官方網站查詢：www.hongkongpost.com。

郵寄方法

通常在酒店前檯或商務中心有少量郵票可以買，酒店也有代客投寄服務，如果酒店沒有郵票，可以請教服務員附近郵局的位置。香港郵政局在鬧區有很多據點，在港鐵站內和街上也可以找到綠色的郵筒。在郵局投寄時注意要把信件放進「空郵」的信箱，不過在街上的郵筒大多只有一個口，本地跟空郵信件都可以寄。

應 變 篇
E m e r g e n c i e s

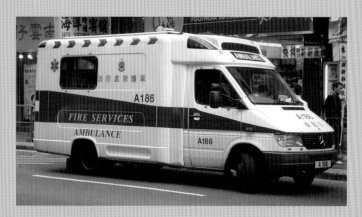

在香港，
發生緊急狀況怎麼辦？

出門在外，總有不測風雲的可能，可能生病了，也可能丟掉東西，甚至也不能忽略「內急」這種緊急事件。各種緊急狀況，本篇告訴你該怎麼應變應急。

證件、財物遺失怎麼辦？

遺失護照

Step 1 報案
立即向警察報案，並索取報案證明文件，文件必須列明報案編號、事發地點、遺失者姓名、遺失物品詳情(護照？財物？遺失數量？)等等。

Step 2 補領護照
親自在辦公時間內帶身分證正本跟影本各1份，2吋白色背景半身彩色相片2張，遺失護照之警察報案證明文件正本，到中華旅行社辦理護照遺失補發。

Step 3 保存報案證明
保存報案證明以備出境時查核。

遺失護照這裡辦

台北經濟文化辦事處服務組(香港)
地址：香港金鐘道89號力寶中心第一座40樓
　　　(MTR金鐘站B出口)
電話：+852-2525-8642
傳真：+852-2529-1995
電郵：service@teco.org.hk
網址：www.tecos.org.hk
辦公時間：週一～五 09:00～17:00

金鐘力寶中心

＊以上資料時有異動，出發前請再次確認。

機票掛失這裡辦

長榮航空
電話：+852-2810-9251

香港航空
電話：+852-3916-3666

中華航空 / 華信航空
電話：+852-2868-2299

香港快運航空
電話：+852-3902-0288

國泰航空
電話：+852-2747-3333

泰國航空
電話：+852-2179-7777

港龍航空
電話：+852-2747-3333

＊以上資料時有異動，出發前請再次確認。

遺失機票

電子機票(E-Ticket)

現在機票大多是採用電子機票方式發出，方便之處是可以自己複印或打印電子機票，不怕遺失。即使真的遺失了也不用擔心，因為在購票時你的資料已直接記錄在航空公司電腦系統內，辦報到手續時，航空公司人員只要核對你的名字和證件即可。

傳統機票

傳統機票遺失了，掛失程序比較多：

Step 1 報案
立即向警察報案，並索取報案證明文件。

Step 2 通知航空公司
立刻通知航空公司在香港的訂位辦事處，登記掛失及嘗試補領機票。個別情況可以補領替代機票，但也有一些機票種類不可以，需要自己先買新票回國，再辦退舊票，詳情請跟航空公司或開票旅行社查詢。

Step 3 先買機票，回國辦退票
用新機票回國後，要到航空公司或開票旅行社辦理舊票退票，經過一段觀察期，確認遺失機票並未被誤用後才可以退款，作業時間約3～4個月。

機場航空公司櫃檯大廳

信用卡遺失／被偷

Step 1 報案

立即向警察報案，並索取報案證明文件。

Step 2 通知信用卡中心

立刻撥電話到台灣發卡銀行的信用卡服務中心，或信用卡系統在香港的緊急服務中心掛失卡片，以免被盜刷。

Step 3 補領信用卡

若必須立刻申請緊急替代卡使用，可以跟發卡銀行或在地緊急服務中心聯絡，不過緊急補發可能要付一筆手續費、運送費，最好回國才補領。

信用卡遺失這裡辦

威士卡(Visa)
電話：800-900-782

萬事達卡(MasterCard)
電話：800-966-677

美國運通卡(American Express)
電話：2811-6122

＊以上資料時有異動，出發前請再次確認。

香港治安小提醒

雖然香港治安不錯，但包包及貴重物品還是要小心看管，逛街時謹記財不可以露白，在餐廳用餐時不要把包包放後面或掛在椅背。

現金遺失／被偷

Step 1 報案

立即向警察報案，並索取報案證明文件。

Step 2 匯款應急

如身無分文，你需要找台灣的家人、朋友幫忙匯款應急(可以透過西聯匯款網絡匯錢到香港)。

Step 3 找駐港人員幫助

如有必要，可聯絡香港中華旅行社急難救助熱線，找台灣駐港人員幫助。

匯款小提醒

西聯匯款 (Western Union)
西聯匯款是一個遍佈全球的匯款服務，可以從台灣發急匯至香港，匯款即日到達，匯款手續費只須由發款人支付，收款人無須繳付任何額外費用，詳細匯款程序可跟代辦機構查詢。
電話：+852-2117-9088
西聯匯款網址：www.westernunion.asia/tc

台灣代辦發匯機構
國泰世華銀行：(02) 2316-3513
彰化銀行：(02) 8181-2933
台新銀行：0800-023-123 ext 2

香港代辦收款機構
香港郵政(指定40家郵局辦理)
網址：www.hongkongpost.com

生病、受傷怎麼辦？

大病受傷處理

如患上較重的病或受傷，必須盡快看醫師或入院就醫。有買旅行平安保險的旅客，可以撥打保險公司的海外急難救助專線備案，或安排特殊的醫療服務。看病後和出院時記得保存醫療診斷證明書、收費明細和單據等，待回家後申請醫療費用核退。

馬總統出生地：香港旺角廣華醫院

小病不求人

出國旅遊，遇上輕微的水土不服、頭痛發燒等在所難免，最好準備自己常服用的藥品出門。另外，不習慣出遠門、坐飛機、坐船的旅客，應該預先吃暈車藥才上路。

在香港，你也可以很容易地在屈臣氏、萬寧之類的藥局、超市和7-11、OK等24小時便利商店買到這些藥品，一般港幣數十元左右就可搞定。

屈臣氏藥房

找廁所

在遊客區、觀光點、購物商場等地點要找廁所不難，附近一般都有免費公廁可以使用。

在路上逛街時要找廁所，在地人一般會到大型連鎖速食店例如麥當勞、肯德基、大家樂、大快活、美心等等解決，不用付錢；不要到茶餐廳，因為店家大多只讓顧客用廁所，路人使用要收費。

救命小紙條 可以中文填寫

個人緊急聯絡卡
Personal Emergency Contact Information

姓名Name：

年齡Age：

血型Blood Type：

護照號碼Passport No：

信用卡號碼：

海外掛失電話：

旅行支票號碼：

海外掛失電話：

航空公司海外電話：

緊急聯絡人Emergency Contact (1)：

聯絡電話Tel：

緊急聯絡人Emergency Contact (2)：

聯絡電話Tel：

台灣地址Home Add：

投宿旅館：

旅館電話：

其他備註：

香港救命電話隨身帶
警察局、消防局、救護車：999(市話／手機)，112(手機)

台北經濟文化辦事處
外交部香港事務局服務組(一般護照事項)：+852-2887-5011(香港境內不用撥852)
急難救助行動電話：+852-6143-9012，9314-0130(24小時開放)
　　　　　　(專供緊急求助如車禍、搶劫、生命安危等等之用，非急難重大事件請勿撥打)
外交部旅外國人急難救助全球免付費專線：001-800-0885-0885

太雅精選設計書 放眼系列

丹麥、瑞典、巴西、德國
法國、瑞士、西班牙
芬蘭、荷蘭、紐約

在中國原名是漫步設計，是根據《Design 360°》觀念與設計雜誌改編而來。每本書的城市(或國家)，都是世界公認的設計之都或美學大國，內容涵蓋建築、動畫、工業設計、平面設計、數位設計、時裝設計和其他行業，本系列可以成為設計院校師生、專業人士、生活美學愛好者不可或缺的優良讀物籍，通過這套圖書擴寬設計的意念和空間。

有關《Design 360°》雜誌

這本「亞洲主流設計雜誌」，以介紹國際先進的設計理念、獨特創意、傑出設計師，設計院校及設計資訊的設計類綜合雜誌。目前已擁有數萬名忠實讀者，成功跨越新加坡、澳大利亞、印度、中國等國家和香港、澳門等地區，更於2009年以來連續兩年榮獲「亞洲最具影響力設計大獎」。2011年白金創意獎首度與《Design 360°》雜誌聯手舉辦，邀請該雜誌的總編輯王紹強擔任評委，全程參與。該雜誌對於傳播世界最新設計理念、創意風潮不遺餘力，深受各界肯定。

放眼設計聯名推薦

李根在 國立台灣科技大學工商業設計系專任助理教授

吳東龍 東喜設計工作室負責人

官政能 實踐大學副校長・工業產品設計學系教授

徐莉玲 學學文創志業董長

唐聖瀚 Pace Design 北士設計負責人

陳瑞憲 三石建築主持人

馮 宇 IF OFFICE負責人

盧淑芬 ELLE雜誌總編輯

蕭青陽 設計人

聶永真 設計師

開始在香港自助旅行(2017年最新版)

作　　者	古弘基
攝　　影	古弘基

總 編 輯	張芳玲
發想企劃	taiya旅遊研究室
文字協力	謬承諺
修訂協力	吳凱樺
初版主編	張敏慧
初版文編	江孟娟
修訂編輯	鄧鈺澐
封面設計	許志忠
美術設計	許志忠
地圖繪製	許志忠

太雅出版社
TEL：(02)2882-0755　FAX：(02)2882-1500
E-mail：taiya@morningstar.com.tw
郵政信箱：台北市郵政53-1291號信箱
太雅網址：http://www.taiya.morningstar.com.tw
購書網址：http://www.morningstar.com.tw
讀者專線：(04)2359-5819 分機230

出 版 者	太雅出版有限公司
	台北市11167劍潭路13號2樓
	行政院新聞局局版台業字第五○○四號
法律顧問	陳思成律師
印　　刷	上好印刷股份有限公司　TEL：(04)2315-0280
裝　　訂	東宏製本有限公司　TEL：(04)2452-2977

三版四刷	西元2016年09月10日
定　　價	280元

(本書如有破損或缺頁，退換書請寄至：台中市工業30路1號 太雅出版倉儲部收)

ISBN　978-986-336-045-2
Published by TAIYA Publishing Co.,Ltd.
Printed in Taiwan

國家圖書館出版品預行編目(CIP)資料

開始在香港自助旅行 . 2015-2016年最新版
／古弘基作.攝影. ——三版，——臺北市：
太雅，2015.03
面；　公分 . ——（So easy；60）
ISBN　978-986-336-045-2（平裝）

1.自助旅行　2.香港特別行政區
673.869　　　　　　　　　　　　103006665

編輯室：本書內容為作者實地採訪資料，書本發行後，開放時間、服務內容、票價費用、商店餐廳營業狀況等，均有變動的可能，建議讀者多利用書中網址查詢最新的資訊，也歡迎實地旅行或居住的讀者，不吝提供最新資訊，以幫助我們下一次的增修。聯絡信箱：taiya@morningstar.com.tw

這次購買的書名是：

開始在香港自助旅行 2017年最新版 (So Easy 60)

＊01 姓名：＿＿＿＿＿＿＿＿＿＿＿＿＿＿＿＿＿　性別：□男 □女　生日：民國＿＿＿＿＿ 年

＊02 手機(或市話)：＿＿＿＿＿＿＿＿＿＿＿＿＿＿＿＿＿＿＿＿＿＿＿＿＿＿＿＿＿＿

＊03 E-Mail：＿＿＿＿＿＿＿＿＿＿＿＿＿＿＿＿＿＿＿＿＿＿＿＿＿＿＿＿＿＿＿＿

＊04 地址：□□□□□ ＿＿＿＿＿＿＿＿＿＿＿＿＿＿＿＿＿＿＿＿＿＿＿＿＿＿＿

＊05 你時常關注並固定追蹤，與旅遊相關的Facebook頁面為何？(請至少填2個)

1.＿＿＿＿＿＿＿＿＿＿＿＿＿＿　2.＿＿＿＿＿＿＿＿＿＿＿＿＿＿

3.＿＿＿＿＿＿＿＿＿＿＿＿＿＿　4.＿＿＿＿＿＿＿＿＿＿＿＿＿＿

5.＿＿＿＿＿＿＿＿＿＿＿＿＿＿　6.＿＿＿＿＿＿＿＿＿＿＿＿＿＿

06 你是否已經帶著本書去旅行了？請分享你的使用心得。

＿＿＿＿＿＿＿＿＿＿＿＿＿＿＿＿＿＿＿＿＿＿＿＿＿＿＿＿＿＿＿＿＿＿＿＿＿＿

＿＿＿＿＿＿＿＿＿＿＿＿＿＿＿＿＿＿＿＿＿＿＿＿＿＿＿＿＿＿＿＿＿＿＿＿＿＿

＿＿＿＿＿＿＿＿＿＿＿＿＿＿＿＿＿＿＿＿＿＿＿＿＿＿＿＿＿＿＿＿＿＿＿＿＿＿

＿＿＿＿＿＿＿＿＿＿＿＿＿＿＿＿＿＿＿＿＿＿＿＿＿＿＿＿＿＿＿＿＿＿＿＿＿＿

＿＿＿＿＿＿＿＿＿＿＿＿＿＿＿＿＿＿＿＿＿＿＿＿＿＿＿＿＿＿＿＿＿＿＿＿＿＿

很高興你選擇了太雅出版品，將資料填妥寄回或傳真，就能收到：1.最新的太雅出版情報 2.太雅講座消息 3.晨星網路書店旅遊類電子報。

填問卷，抽好書 (限台灣本島)

凡填妥問卷(星號＊者必填)寄回、或完成「線上讀者情報上傳表單」的讀者，將能收到最新出版的電子報訊息，並有機會獲得太雅的精選套書！每單數月抽出10名幸運讀者，得獎名單將於該月10號公布於太雅部落格。太雅出版社有權利變更獎品的內容，若贈書消息有改變，請以部落格公布的為主。參加活動需寄回函正本始有效(傳真無效)。活動時間為即日起～2017/12/31

以下3組贈書隨機挑選1組

放眼設計系列2本

居家烹飪2本

黑色喜劇小說2本

填表日期：＿＿＿＿年＿＿＿＿月＿＿＿＿日

太雅出版部落格
taiya.morningstar.com.tw

太雅愛看書粉絲團
www.facebook.com/taiyafans

旅遊書王 (太雅旅遊全書目)
goo.gl/m4B3Sy

線上讀者情報上傳表單
goo.gl/kLMn6g

-----(請沿此虛線壓摺)------

廣　告　回　信
台灣北區郵政管理局登記證
北 台 字 第 1 2 8 9 6 號
免　貼　郵　票

太雅出版社　編輯部收

台北郵政53-1291號信箱
電話：(02)2882-0755
傳真：**(02)2882-1500**
(若用傳真回覆，請先放大影印再傳真，謝謝！)

-----(請沿此虛線壓摺)------

太雅部落格 http://taiya.morningstar.com.tw

有 行 動 力 的 旅 行 ， 從 太 雅 出 版 社 開 始